大樂文化

形態K線

用 *330* 張圖解，教你看懂賺爆買賣點！

投資戰法

20年操盤手

龍飛◎著

CONTENTS

前言

透過 330 張圖解，
完整掌握股票看盤與買賣祕訣

　　本書透過9個主題、超過330張圖解，全方位地介紹股票看盤與買賣的方法，除了分時圖、K線、量價分析之外，還有切線理論、均線、技術指標、主力手法等等，深具實戰功能。

　　內容通俗易懂，不僅將深奧的專業名詞與技術指標實用化，而且採用實際案例與最新圖表，讓讀者可以現學現用，即使零基礎的新手也能輕鬆學會。

圖文並茂，具有 2 大特色

1. 知識精簡，結構清晰

　　精選實用的理論與方法，並講解重點。知識體系完整（見下頁圖解），一招一式均來自實戰，幫助你快速掌握投資方法。

2. 案例實用，全程圖解

　　運用豐富的案例和圖表，輔助理論知識的說明。你若覺得理論知識枯燥，可以從圖解體會看盤與交易，進而提高技術、提升獲利。

喜歡學習的你，應注意的事項

　　投資股票的技術和技巧不計其數，本書羅列的方法較全面，讀者不需要全部掌握，可以針對需求挑選幾種深入學習，在實戰中綜合運用，即可達到良好的效果。

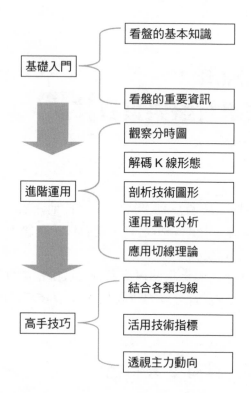

在閱讀本書的過程中,讀者應結合實際情況靈活變通、舉一反三,養成勤加思考的習慣,磨練歸納總結的能力,自然能熟練各種看盤和買賣祕訣。

第 1 章

學會盤面的重要知識，
打穩投資基本功

1-1 踏入股市前，
你必須知道這些概念與術語

隨著股市不斷發展與完善，越來越多人參與股票投資。對於初入股市的投資者來說，首先需要掌握和了解股市中的基本概念與術語。

認識股票的基本概念和相關定義

了解股票的基本概念和相關定義是投資股票的前提，以下將具體介紹。

1. 股票與投資者的含意

「股票」和「投資者」是股市中最常聽到的詞語，他們分別是什麼？相關定義請見圖1-1。

圖1-1	股票和投資者的定義

什麼是股票？
- 股份證書的簡稱，是股份有限公司為了籌集資金而發行給股東作為持股憑證，以取得股息和紅利的一種有價證券。
- 每股股票都代表股東對企業擁有一個基本單位的所有權。
- 它是公司資本的構成部分，可以轉讓、買賣或抵押，是資金市場的長期信用工具。

什麼是投資者？
- 股票投資者是在股市中進行投資的人或機構。
- 廣義的投資者包括公司股東、債權人和利益相關者。
- 狹義的投資者是指股東。

假設某股份有限公司有100個股東，每人出資10萬元，那麼每人擁有該公司1％的所有權（股權）。股份有限公司經主管機關核准後，印製股票交給投資者持有，作為代表所有權的憑證，這就是股票的意義。

股票通常可以藉由買賣方式有償轉讓，股東能夠轉讓股票以收回其投資，但不能要求公司返還其出資。股東可以在股市中買賣這些股票，使股票在不同投資者手中流通，以及變更所有人和持有份額。

股票就像商品一樣，有價格、能買賣，可以作為質押品。擁有這些股票的人，都可以成為公司的股東。股東與公司之間的關係不是債權債務關係。股東是公司的所有者，以其出資額為限，對公司負有限責任、承擔風險、分享收益。因此，股票是公司發給投資者，證明其在公司的股東權利和投資入股的份額，並據此獲得股利收入的有價證券。

2. 股票的特徵

股票作為一種有價證券，與儲蓄、債券及基金相比，有著獨特的地方，主要表現在圖1-2中的5個方面。

圖1-2　　股票的特徵

穩定性
- 無法退股，只能透過交易市場進行轉讓，即使公司股東改變，也不會減少公司資本。股票的期限等於公司存在的期限。

參與性
- 投資者有參與股份公司盈利分配和承擔有限責任的權利和義務。股東的權利大小與所持股份數量成正比，達到一定數量還能掌握公司的決策權。

收益性
- 股東可以從公司領取股息或紅利，獲取投資收益；普通投資者可以透過低價買進和高價賣出，賺取價差利潤。

流通性
- 股票可以在不同投資者之間交易，投資者可以在市場上賣出所持股票，取得現金。

風險性
- 任何一種投資都有風險，股票也不例外，股票的貶值會使投資者蒙受部分損失。因此，想入股的投資者一定要謹慎從事。

專家提醒

股民不能直接進入證券交易所買賣股票，只能透過證券機構，憑交易密碼或證券帳戶，向券商下達買進或賣出指令，這個過程稱為委託。

委託的內容包括要買賣的股票代碼、數量及買進或賣出的價格。

買賣股票的方式有以下 3 種：

（1）遠端終端機交易：透過與證券櫃檯電腦系統的遠端終端機，或網際網路（例如手機、家用電腦等）下達買進或賣出指令。

（2）電話自動交易：撥打證券交易所的電話進入自動委託系統，用電話上的數字和符號鍵，輸入想買進或賣出股票的代碼、數量和價格。

（3）櫃檯交易：利用身分證和帳戶卡，到開戶證券營業部櫃檯填寫買進或賣出股票的委託書，然後由櫃檯審核後，執行相應的操作。

3. 股票漲跌的顏色標識

在台股中，紅色代表該股當前狀況為漲，綠色代表跌。圖1-3是2016年12月22日滬市漲幅最大的前10檔股票，圖1-4是2016年12月22日滬市跌幅最大的前10檔股票。

想投資股票，你需要掌握的基本術語

投資股票是一門高深的學問，想要充分了解，需要熟悉術語。第14頁表1-1列舉一些常用的股票盤面術語。

圖1-3　漲幅最高的 10 檔股票

	代码	名称		涨幅%↓	现价	涨跌	买价
1	603577	N汇金通		43.96	15.98	4.88	15.98
2	600268	国电南自		10.06	9.08	0.83	9.08
3	600818	中路股份	×	10.01	36.04	3.28	36.04
4	603823	百合花		10.01	18.47	1.68	18.47
5	603098	森特股份		10.01	19.35	1.76	19.35
6	603928	兴业股份		10.00	31.23	2.84	31.23
7	603708	家家悦		10.00	38.27	3.48	38.27
8	603559	中通国脉		10.00	56.54	5.14	56.54
9	603416	信捷电气		10.00	28.27	2.57	28.27
10	600604	市北高新	×	10.00	21.12	1.92	21.12

圖1-4　跌幅最大的 10 檔股票

	代码	名称		涨幅%↑	现价	涨跌	买价
1	601882	海天精工	×	-8.14	31.50	-2.79	31.48
2	603508	思维列控	×	-7.99	71.20	-6.18	71.18
3	600310	桂东电力	×	-6.78	10.45	-0.76	10.44
4	600381	青海春天		-4.70	17.84	-0.88	17.84
5	600113	浙江东日	×	-4.34	19.61	-0.89	19.61
6	603518	维格娜丝		-4.13	34.80	-1.50	34.80
7	600200	江苏吴中	×	-4.07	19.11	-0.81	19.11
8	600546	*ST山煤		-3.89	4.20	-0.17	4.20
9	600992	贵绳股份		-3.86	17.42	-0.70	17.42
10	600681	百川能源	×	-3.84	15.29	-0.61	15.28

表1-1	盤面術語

術語	含意
價位	指買賣價格的定位，價位的高低隨著每股市價的不同而異
成交價	成交價是股票的成交價格，它是按照以下原則確立： （1）最高的買進申報與最低的賣出申報相同 （2）在連續競價狀態，高於賣出價的買進申報以賣出價成交，低於買進價的賣出申報以買進價成交
行情	價位或股價的走勢
日開盤價	指當日開盤後某檔股票的第一筆交易成交的價格
日收盤價	指當日某檔股票的最後一筆成交價格
日最高價	指當天某檔股票成交價格中的最高價格
日最低價	指當天某檔股票成交價格中的最低價格
漲跌	當日股票價格（或指數）與前一日收盤價格（或前一日收盤指數）相比的百分比幅度，正值為漲，負值為跌，否則為持平
漲停板	交易所規定的股價，在一天中相對前一日收盤價的最大漲幅不能超過 10%
跌停板	交易所規定的股價，在一天中相對前一日收盤價的最大跌幅不能超過 10%
開高	今日開盤價在昨日收盤價之上
開平	今日開盤價與昨日收盤價持平
開低	今日開盤價在昨日收盤價之下
買盤	以比市價高的價格進行委託買進，並且已經主動成交，代表外盤
賣盤	以比市價低的價格進行委託賣出，並且已經主動成交，代表內盤
崩盤	由於一些對股市不利的因素，導致投資者不計成本地大量拋售，使股價無限制下跌的現象
護盤	當股市行情低落、股價下滑時，投資大戶採取大量買股的措施刺激散戶，促使市場回暖
洗盤	主力為了控制股價，故意降低或拉升成本，使散戶賣出股票，並接手他們的股票
震盤	指股價在一天之內，忽高忽低出現大幅波動的現象

術語	含意
掃盤	主力不計成本，將賣盤中的掛單全部吃掉
紅盤	當前交易日的收盤價格高於上一個交易日的收盤價，表示股價上漲的現象
成交數量	指當天成交的股票數量
成交筆數	指某檔股票成交的次數
日成交額	指當天已成交股票的總金額
委比	委比是衡量一段時間內，場內買、賣盤強弱的技術指標。它的計算公式為委比＝（委買手數－委賣手數）÷（委買手數＋委賣手數）×100%。若委比為正值，說明場內買盤較強，反之則說明市道較弱
委差	當前交易主機已接受，但還未成交的買進委託總手數與賣出委託總手數的差
換手率	換手率是指在一定時間內，市場中股票轉手買賣的頻率，是反映股票流通性的指標之一。計算公式為換手率＝（某段時間內的成交量÷流通股數）×100%
跳空	指受強烈利多或利空消息刺激，股價開始大幅跳動。跳空通常在股價大變動的開始或結束前出現
漲幅	現價與上一個交易日收盤價的差，除以上一個交易日的收盤價百分比，值在 -10% 至 10% 之間

專家提醒

　　股票是一種虛擬資本，本身沒有任何價值。股票的價值是用貨幣的形式，衡量股票作為獲利手段的價值，其包括股票的面值、淨值、清算價值、市場價值及發行價 5 種：

　　（1）股票面值：用於表示每張股票包含的資本數額，以元／股為單位。

　　（2）股票淨值：也稱帳面價值或每股淨資產，是指用會計的方法計算出每股股票包含的資產淨值。

　　（3）股票清算價值：指股份公司關閉後，清算出的每股股票實際價值。

　　（4）股票市場價值：指股票在交易過程中，交易雙方達成的成交價。通常，股票價格是指市場價值。

　　（5）股票的發行價：上市公司為了確保自身利益和上市成功率等因素，重新制定一個較合理的價格來發行。

1-2

20 年操盤手教你，如何查看股市行情、走勢圖……

現今，許多投資者都選擇網路交易的方式來投資股票。本節將以通達信軟體為例，介紹股票盤面的基本知識。（編按：目前台灣各大券商都提供網路交易平台，讓客戶利用。）

查看股市行情

登錄網站之後，投資者即可開始查詢各類行情資訊。

啟動軟體後，首先會看到行情清單視窗，如圖1-5所示。該視窗列舉所有股票的基本資訊，例如：股票代碼、股票名稱、當日漲幅情況、現價、漲跌、買價、賣價等。

在行情清單視窗中，按一下對應的表頭名稱，可以根據指定的欄位，對股票進行升冪和降冪排列，方便查看資料。圖1-6所示為按照現價的降冪順序和買價的升冪順序查看股票行情。

在預設情況下，按一下表頭名稱後，系統會自動按照降冪排列股票行情，再次按一下表頭名稱即可切換升冪排列。

切換視窗專案

在行情清單視窗的下方，系統根據股票的所屬類型，將其歸類到不同選項中，例如：中小企業股、創業類股等。按下對應的標籤，即可切換到相應類別的股票行情清單視窗。第18頁圖1-7是中小企業股的行情清單視窗。

圖1-5　行情清單視窗

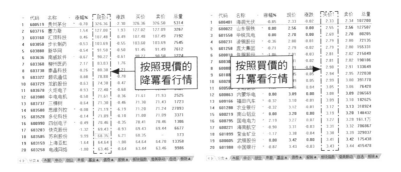

圖1-6　對行情列表排列降冪和升冪

見圖1-8，如果項目對應標籤右側有一個三角形，表示該項目還包括其他子項目。按一下相應的標籤，在彈出的功能表中選擇對應的選項，即可切換到相應的股票行情清單視窗。

圖1-7 查看中小企業股的行情

	代碼	名稱	漲幅%	現價	漲跌	買價	賣價	總量	現量	漲速%	換手%
1	002001	新和成	"	–	–	–	–	0	0	–	0.00
2	002002	鴻達興業	-1.19	7.47	-0.09	7.47	7.48	74791	31	0.00	0.36
3	002003	偉星股份	-1.14	13.89	-0.16	13.89	13.94	14938	14	-0.21	0.42
4	002004	華邦健康	" -0.22	9.21	-0.02	9.21	9.22	20196	92	-0.10	0.15
5	002005	德豪潤達	× -0.68	5.81	-0.04	5.81	5.82	32187	10	-0.17	0.28
6	002006	精功科技	0.26	11.38	0.03	11.37	11.38	8326	7	0.00	0.19
7	002007	華蘭生物	× -0.93	35.24	-0.33	35.23	35.24	10339	45	-0.02	0.13
8	002008	大族激光	× 1.03	22.52	0.23	22.49	22.52	70175	18	0.22	0.71
9	002009	天奇股份	-0.07	14.72	-0.01	14.71	14.72	17285	10	-0.06	0.65
10	002010	傳化智聯	-0.37	18.77	-0.07	18.73	18.77	3636	1	0.00	0.09
11	002011	盾安環境	× 0.00	9.72	0.00	9.71	9.72	9593	2	0.00	0.11
12	002012	凱恩股份	-1.51	12.50	-0.09	12.50	12.51	86923	5	0.56	1.86
13	002013	中航機電	× -1.08	19.32	-0.21	19.31	19.32	83498	50	0.10	0.60
14	002014	永新股份	× -1.34						3	-0.12	0.29
15	002015	霍客環保	× 0.33						8	0.11	0.11
16	002016	世榮兆業							4	0.10	0.12
17	002017	東信和平	-1.52	14.74		14.74	14.75	24776	18	0.13	0.72
18	002018	華信國際	-1.42	10.38	-0.15	10.37	10.38	205954	8	0.00	0.90
19	002019	億帆醫藥	0.13	15.71	0.02	15.70	15.71	41019	7	0.57	0.61
20	002020	京新藥業	-0.17	11.43	-0.02	11.42	11.43	17008	40	0.26	0.37

按一下此標籤，即可切換至
中小企業的行情清單視窗

上證3136.70 -0.73 -0.02% 886.2億 沪深3331.72 -6.82 -0.20% 449.5億 創業1983.51 -8.19 -0.41% 235.7億

圖1-8 子項目功能表

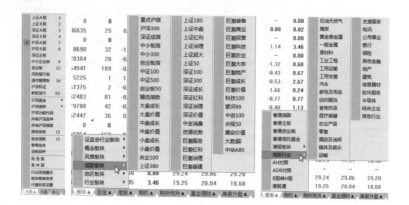

圖1-9	平安銀行（000001）的日K線視窗和成交量視窗

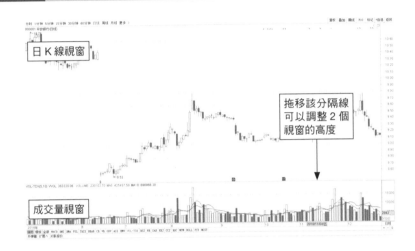

查看走勢圖視窗

在行情清單視窗中，將游標放在某檔股票上，用滑鼠左鍵按2下進入走勢圖視窗，它是分析盤面的主要視窗之一。在預設情況下，系統將顯示2個視窗，分別是日K線視窗和成交量視窗。圖1-9為平安銀行的日K線視窗和成交量視窗。

對於日K線視窗，使用者可以視需求更改其顯示週期。方法是：在日K線視窗中按一下滑鼠右鍵，在彈出的快顯功能表中選擇「分析週期」選項，在彈出的子功能表中，選擇對應的選項更改K線顯示週期。第20頁圖1-10所示為平安銀行的週K線視窗和成交量視窗。

另外，使用者也可以自訂顯示走勢圖視窗中的視窗個數。方法是：在視窗的任意位置按一下滑鼠右鍵，在彈出的快顯功能表中選擇「視窗個數」選項，在彈出的子功能表中選擇對應的選項更改視窗個數。第20頁圖1-11為平安銀行的3個視窗同步顯示效果。

圖1-10 平安銀行（000001）的週 K 線視窗和成交量視窗

週 K 線

K 線週期發生改變後，成交量的週期同步發生改變

圖1-11 平安銀行（000001）多視窗顯示

除了 K 線走勢視窗，其他輔助視窗的內容可以視需求更改，相關設置將在本書的技術工具和指標中講解

專家提醒

　　K線記錄著股市的過往，股市中的酸甜苦辣、漲漲跌跌都凝聚成陰陽交錯的K線。它直觀、訊息量大，能充分顯示股價趨勢的強弱、買賣雙方力量平衡的變化。

　　陽線和陰線都是一個週期內價格的變化表現，因此K線與週期密切相關。這個週期可以是一年，也可以是一個月、一小時、一分鐘等。

　　股票軟體為了滿足各類投資者的需求，設置多個常用的時間週期選項，讓投資者自由選擇。例如，主力做一檔股票往往需要1年甚至2年以上的時間，如果遇上大盤低迷，潛伏時間更長。因此，在日K線圖上查找主力行蹤往往一葉障目，只得片面結論，而從週K線圖分析，可以一目了然看出主力建立部位、洗盤、拉抬、出貨等過程。可以說，週K線圖是一支放大鏡，令黑馬股無處遁形。

1-3

從投資小白到老手，
都應關注 10 個重點資訊

在看盤軟體中，主視窗可以透露很多盤面資訊，它直接反映外盤與內盤、成交量、換手率、籌碼分布圖、漲幅排行榜等資訊，如圖1-12。這些資訊有非常重要的分析價值。

$ 外盤與內盤

打開個股走勢圖（見圖1-13），在視窗的右邊會顯示個股的外盤和內盤情況。投資者可以比對數量大小及比例，發現當前行情是主動性買盤多，還是主動性賣盤多。比對外盤與內盤是一個有效的短線指標。

（1）**外盤**：指買家以賣家的賣出價成交，成交價為賣價，表示買盤積極。當成交價在賣出價時，將成交量加入外盤累計數量中。若外盤累計數量比內盤累計數量多很多，表示很多人搶盤買進，這時股票有上漲趨勢。

（2）**內盤**：指股票在買進價成交，成交價為買價，表示賣盤較踴躍。當成交價在買進價時，將成交量加入內盤累計數量中。當內盤累計數量比外盤累計數量多很多而股價下跌時，表示很多人賣出股票。

外盤和內盤相加成為成交量。由於賣方成交的委託納入外盤，因此外盤很大意味著多數賣的價位都有人來接，顯示買勢強勁。相反地，買方成交的納入內盤，因此內盤過大意味著大多數的買進價都有人願意賣，顯示賣方力量較大。假如內外盤大致相當，則買賣雙方力量相當。

投資者在使用外盤和內盤分析時，要注意結合股價在低位、中位和高位

圖1-12 盤面訊息

盤面訊息

圖1-13 外盤與內盤

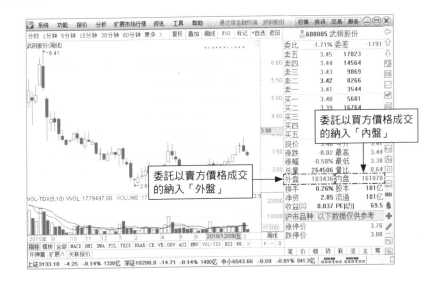

委託以買方價格成交的納入「內盤」

委託以賣方價格成交的納入「外盤」

表1-2	外盤和內盤的相關分析

股價位置	外盤和內盤分析
處於下跌後的底部區	股價經過前期漫長的下跌之後，處在底部區，成交量處於地量水平。隨後，成交量溫和放大，外盤數量增加，並且大於內盤，此後股價可能上漲
處於上漲後的頂部區	股價經過前期大幅的上漲行情，處於頂部區，成交量不斷放大至天量水平，同時內盤數量激增，要遠超外盤數量，此後股價可能下跌
處於下跌過程中	有時，在股價下跌過程中，可能會出現外盤大而內盤小的情況，但這不代表股價一定會上漲。這時要考慮主力的操作手法。有時，主力會透過掛出賣單打壓股價，再掛出買單吃掉先前的賣單，造成股價有小幅上漲的態勢。由於有大量的買單吃掉賣單，因此盤面會顯示外盤大於內盤。若此時投資者認為股價會上漲而大量買進，那麼一旦買單消失，股價失去支撐繼續下跌，投資者就會因此被套牢
處於上漲過程中	此時可能會出現內盤大於外盤的情況，但這不代表股價會下跌。從主力操盤的角度來說，通常會掛出幾筆大買單以推升股價到相對高位，不久股價下跌，主力便會掛出買單。由於先前股價下跌，有部分散戶認為是主力在出貨，於是對主力掛出的買單打出賣單，而主力則會將這些賣單全部買進，進而形成內盤大、外盤小的盤面形態

的成交情況，以及觀察該股的總成交量情況，見表1-2。因為外盤、內盤的指標作用並非在所有時間都有效，許多時候外盤大，股價不一定上漲；內盤大，股價不一定下跌。

下面舉例分析外盤和內盤。圖1-14是中國聯通2016年12月22日的走勢圖。從圖中可以看到當日內盤大於外盤，如果此時股價後市上漲的決心相當堅定，投資者就不能因為內盤大於外盤，而判斷該股走勢欠佳。

圖1-15是海信電器2016年12月22日的走勢圖。從圖中可以看到當日外盤大於內盤，如果此時股價後市下跌的趨勢較強，投資者就不能因為外盤大於內盤，而判斷該股走勢強勁。

K線與成交量

K線是記錄股價走勢的工具，同時是市場中多空雙方力量對比轉變的外在展現，如第26頁圖1-16所示。

圖1-14　中國聯通（600050）走勢圖

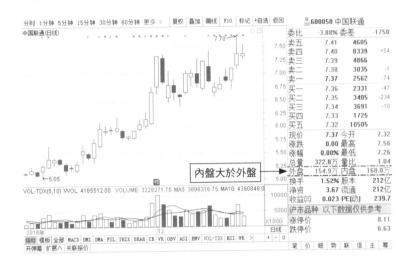

內盤大於外盤

圖1-15　海信電器（600060）走勢圖

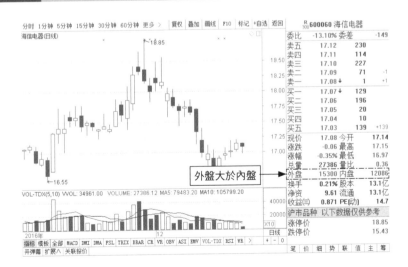

外盤大於內盤

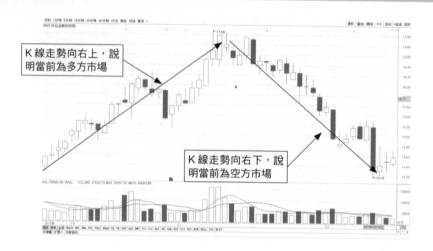

圖1-16　K線圖

K線走勢向右上，說明當前為多方市場

K線走勢向右下，說明當前為空方市場

　　對投資者來說，如果想從K線圖中解讀有用的資訊，需要透過K線圖分析市場多空雙方力量的轉變情況。

　　圖1-17為波導股份2016年9月至12月的K線走勢圖，可以看到該股在一波快速上漲行情的相對高位區，出現一根長上影K線形態，結合該股的前期價格走勢，可以判斷這是多方在盤中攻擊無功而返、拉升股價受阻的表現。因此，這個形態展現市場賣壓正在增強，是即將出現一波回檔走勢的訊號。

　　在K線圖下方，可以清晰地看到成交量的走勢變化，簡單且直接地反映股市的供需情況。圖1-18是重慶啤酒的成交量走勢圖。

　　成交量可以幫助投資者更好地驗證股價走勢，當K線圖中的股價發展方向與成交量的變化形態明顯背道而馳時，通常是股價即將反轉的訊號，投資者應提前做好交易準備。

　　第28頁圖1-19為商贏環球2015年12月至2016年3月的K線走勢圖，可以看到該股在大幅下跌後的低位區，出現一個預示底部出現的V形反轉形態。若有量能驗證這個形態，投資者即可得出準確的判斷。在圖中標示處，可以看到該股在見底後，出現一波放量上漲走勢，使股價開始脫離低位區。此時的放量拉升是市場買盤充足的表現，再結合前期的K線走勢和V形底形態，投資者就能準確判斷，當前正是該股大幅下跌後的底部反轉區。

圖1-17	波導股份（600130）K 線圖

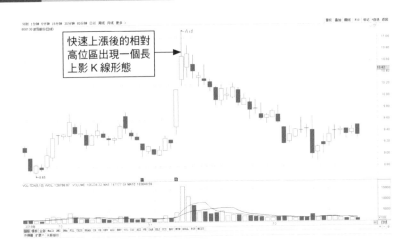

快速上漲後的相對
高位區出現一個長
上影 K 線形態

圖1-18	重慶啤酒（600132）的成交量走勢變化

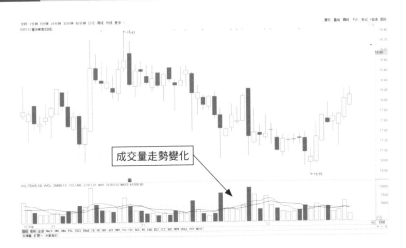

成交量走勢變化

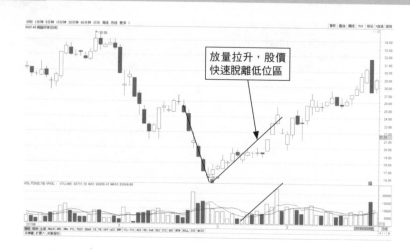

圖1-19　商贏環球（600146）的 K 線與成交量走勢變化

放量拉升，股價
快速脫離低位區

專家提醒

　　K 線圖是多空雙方正面交鋒結果（即勝負）的盤面變現，成交量則可以看成是多空雙方的交戰規模（即人數）。

換手率與資金流向

　　挖掘領漲類股首先要挖掘熱門類股，而判斷是否屬於熱門股的有效指標之一是換手率。換手率也稱作周轉率，是指在一定時間內股市中股票轉手買賣的頻率，為反映股票流通性強弱的重要指標。換手率高，意味著近期有大量資金進入該股，流通性良好，股票趨於活躍。

　　換手率的計算公式如下：

換手率＝成交股數÷流通股數×100%

　　舉例來說，某檔股票在一個月內成交500萬股，該股票的總流通股數為5000萬股，則該股票當月的換手率為10%。

圖1-20　建發股份（600153）走勢圖

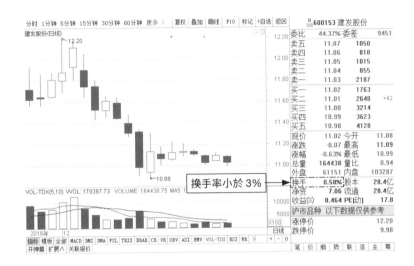

換手率小於 3%

下面舉例分析換手率中的資訊。圖1-20為建發股份2016年12月22日的走勢圖。該股當日換手率為0.58%，在3%之下，屬於正常的換手率。一般情況下，除了新上市的股票之外，個股的換手率均在3%以下。

專家提醒

在一般情況下，多數股票每日換手率為 1% ～ 25%（不包括初上市的股票），而 70% 股票的換手率在 3% 以下，因此 3% 成為一種分界。

・換手率在 3% ～ 7% 時，該股進入相對活躍的狀態。

・換手率在 7% ～ 10% 時，該股成為強勢股，股價處於高度活躍當中。

・換手率在 10% ～ 15% 時，該股屬於機構密切操作的個股。

・換手率超過 15%，且持續多日時，該股成為黑馬股的可能性很大。

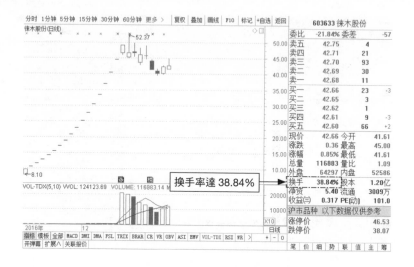

圖1-21　徠木股份（603633）走勢圖

新股上市通常會成為市場炒作的熱點，往往有一波不錯的漲幅，經常出現連續漲停的行情，換手率自然也會很高。圖1-21是徠木股份2012年12月22日的走勢圖。該新股從發行價8.10元一路以一直線漲停，在12月22日股價開低，當日換手率高達38.84%，說明有大量籌碼再次轉手買賣，可見該股被炒作的熱度之高。

換手率排行榜是大資金進場運作與否的重要指標，只有大資金進場推動，股價才有可能大幅上漲。

除了要觀察出現高換手率時股價所處的位置（股價最好處於突破底部區），還要觀察高換手率的持續時間。若當日出現高換手率，且成交量全天都保持在較高水平，維持頻繁換手的狀態，表示此時股價上漲會更加可靠。圖1-22是山東礦機2016年3月31日的分時走勢圖。該股股價當天穩步上漲，換手率高達10.45%，成交量持續放量，在尾盤尤為突出，而盤中有所萎縮。

圖1-23為山東礦機的K線走勢圖。該股股價從2016年3月開始緩步拉升，3月31日走出一根大陽線，當日換手率提高，成交量持續放大，此後股價更強勢上漲，一直漲至10.37元的高點。

圖1-22 山東礦機（002526）分時走勢圖

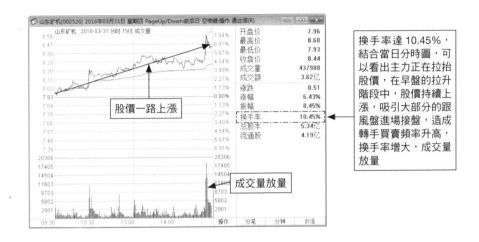

股價一路上漲

成交量放量

換手率達 10.45%，結合當日分時圖，可以看出主力正在拉抬股價，在早盤的拉升階段中，股價持續上漲，吸引大部分的跟風盤進場接盤，造成轉手買賣頻率升高，換手率增大，成交量放量

圖1-23 山東礦機（002526）K線走勢圖

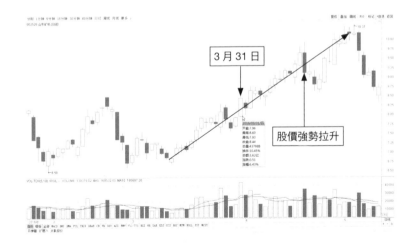

3月31日

股價強勢拉升

┌───┐

專家提醒

換手率的主要作用如下：

（1）發掘熱門股：換手率越高的股票表示其交易越活躍，投資者購買該股的意願越高，屬於熱門股。相反地，換手率越低的股票表示關注的人越少，屬於冷門股。

（2）展現變現能力的強弱：換手率高一般意味著股票流通性好，進出市場較容易，不會出現想買買不到，想賣賣不出的情況，具有較強的變現能力。值得注意的是，換手率高的股票往往是短線資金追逐的對象，投機性較強，股價起伏較大，風險也較高。

（3）判斷股價走勢：結合換手率與股價走勢，可以對未來的股價做出一定的預測和判斷。某檔股票的換手率突然上升，成交量放大，可能意味著投資者大量買進，股價可能隨時上漲。如果某檔股票持續上漲一段時期後，換手率迅速上升，可能意味著一些獲利盤正在回吐，股價可能會下跌。

└───┘

⑤ 分時線與分時量

個股分時圖是指某檔股票在交易日開市至收市期間內，在行情軟體上形成的價格動態走勢，以及各種指標、資料圖表。

圖1-24是新界泵業2016年12月22日的分時走勢圖。為了讓讀者快速看懂圖中的各種盤面資訊，我將其分解為以下5個區域：

①**分時走勢區**：如圖1-25所示，分時走勢區包括分時線成交價格曲線（簡稱分時價格線），以及平均成交價格曲線（簡稱分時均價線）。

②**量能區**：顯示個股成交量的變化情況。

③**交易區**：顯示五檔買賣盤面資訊。

④**指標區**：顯示成交、均價、漲跌、換手、漲幅、外盤、內盤、總量等指標資料。

⑤**成交明細區**：顯示分時成交的買賣明細資訊。

圖1-24　　新界泵業（002532）分時走勢圖

圖1-25　　分時走勢區

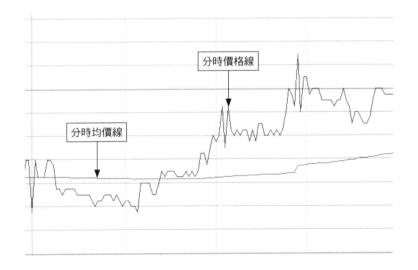

分時價格線

分時均價線

1. 分時線

在分時盤面中，投資者必須同時關注分時價格線和分時均價線的運行情況。

（1）**分時價格線**：由股票分時成交價格數值點連接而成的曲線。它可以直觀地反映個股價格的運行趨勢，是投資者在看盤時應重點關注的參照對象，如圖1-26所示。

（2）**分時均價線**：由股票分時成交平均價格數值點連接而成的曲線。它可以客觀地反映當日投資者的平均持股成本，而且投資者可以根據分時均價線的位置，看出當日的股價重心，有利於綜合分析股價走勢，如圖1-27所示。

成交平均價格的計算公式如下：

成交平均價格＝盤面總成交金額÷盤面總成交量

第36頁圖1-28是海能達2016年3月2日的分時走勢圖，從圖中可以看到，該股的分時均價線和分時價格線的運行方向相同，而且分時價格線一直在分時均價線上方運行，分時均價線的運行方向向上。這是強勢盤面的典型特徵，說明該股短線非常強勢，買盤主動、活躍，後市看好。

分時均價線與分時價格線相輔相成，而且分時均價線能對分時價格線發揮短線的支撐或壓力作用。

第36頁圖1-29是海能達2016年7月7日的分時走勢圖，可以看到分時價格線一直在分時均價線下方運行，且整體方向向下，直至收盤都無法有效突破分時均價線。這是弱勢盤面的典型特徵，說明短線弱勢，市場賣壓沉重，後市看跌。

2. 分時量

分時量是量能區中顯示的成交量，即分時圖下方的柱狀線，如第37頁圖1-30所示。投資者買賣股票的行為產生成交量，如果只有買或賣則無法成交，就不會有成交量。由於市場的緣故，同檔股票在不同時段交易而產生的成交量則不盡相同。

學會盤面的重要知識，打穩投資基本功

圖1-26　分時價格線

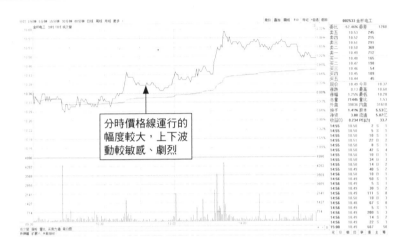

分時價格線運行的幅度較大，上下波動較敏感、劇烈

圖1-27　分時均價線

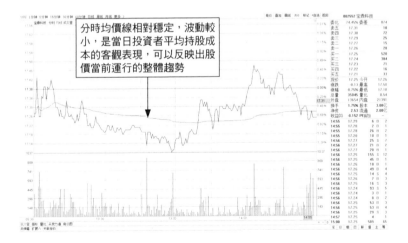

分時均價線相對穩定，波動較小，是當日投資者平均持股成本的客觀表現，可以反映出股價當前運行的整體趨勢

圖1-28　　海能達（002583）分時走勢圖（1）

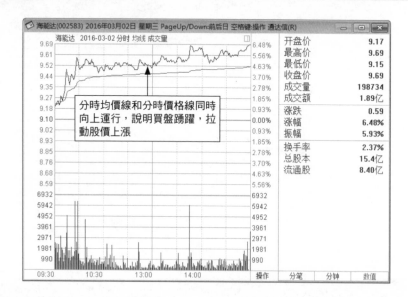

圖1-29　　海能達（002583）分時走勢圖（2）

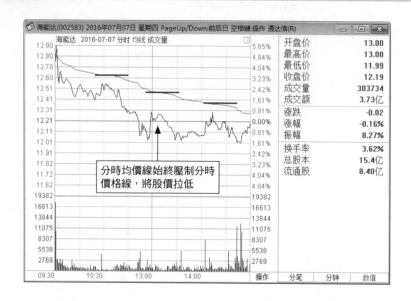

圖1-30	分時成交量

　　第38頁圖1-31是史丹利2015年10月12日的分時圖。從圖中可以看到，在13：00～13：35這段時間中，市場上的多空分歧加劇，願意買的人多，願意賣的人也不少，因此市場交易活絡，成交量相對來說變大。

　　第38頁圖1-32是史丹利2015年12月28日的分時圖，可以看到開盤後不久，成交量便快速放大，隨著股價下跌，全天的成交量一直較活躍。這表示賣盤踴躍，市場預期偏差，未來股價仍有下跌空間，暫不宜介入。

本益比與股價淨值比

　　在股市中，本益比是牛市常用指標，而股價淨值比是熊市常用指標，以下將分別說明這兩者的特點。

1. 本益比

　　本益比是反映股票收益與風險的重要指標，也稱作市盈率。它是由當前每股市價除以該公司每股稅後利潤，其計算公式如下：

本益比＝股票每股市價÷每股稅後利潤

圖1-31　　史丹利（002588）分時圖（1）

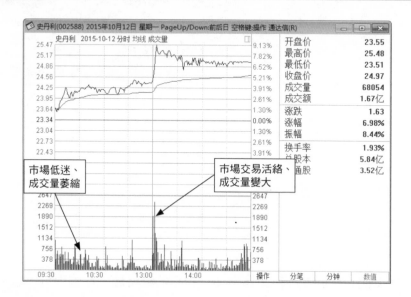

圖1-32　　史丹利（002588）分時圖（2）

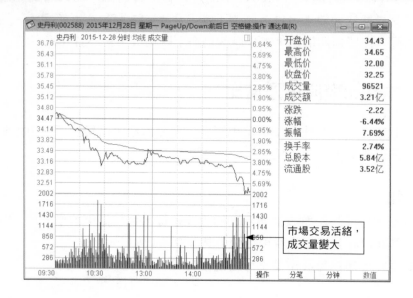

圖1-33	浦發銀行（600000）分時圖

一般來說，本益比表示該公司需要累積多少年的盈利，才能達到目前的市價水準，所以本益比指標數值越低、越小則越好。通常，本益比越小，表示投資回收期越短，風險越小，投資價值越高。本益比越大，意味著翻本期越長，風險越大。

圖1-33是浦發銀行分時圖，該股的靜態本益比為6.92，動態本益比為6.45。理論上，本益比低的股票適合投資，因為本益比是每股市場價格與每股收益的比率，本益比低的購買成本就低。

如果購買股票純粹是為了獲利，而公司的業績一直保持不變，則股利的收入與利息收入具有同樣意義。對投資者來說，要把錢存入銀行還是購買股票，首先取決於誰的投資收益率高。因此，當股票本益比低於銀行利率折算出的標準本益比，資金就會用於購買股票。這是最簡單、最直觀的本益比定價分析。

需要注意的是，觀察本益比不能僅憑一個指標下結論，因為本益比中的去年稅後利潤不能反映公司現在經營情況，當年的預測值又缺乏可靠性，而且處於不同市場發展階段的國家有不同評判標準。因此，對投資者來說，不

斷研究、創新分析方法,將基礎分析與技術分析結合,才能做出正確且及時的決策。

┌───┐
│ 專家提醒   │
│   │
│   動態本益比是指,還沒真正實現的下一年度的預測利潤的本益比。動態 │
│ 本益比和本益比是全球資本市場通用的投資參考指標,用來衡量某階段資本 │
│ 市場的投資價值和風險程度,也是資本市場之間用來互相參考與借鑑的重要 │
│ 依據。   │
└───┘

2. 股價淨值比

股價淨值比(市淨率)是指每股股價與每股淨資產的比率,其計算公式如下:

股價淨值比(P/BV)=每股市價(P)÷每股淨資產(Book Value)

股價淨值比可用於股票投資分析。一般來說,股價淨值比較低的股票,投資價值較高。圖1-34為浦發銀行主要財務指標,該股的股價淨值比為1.06,處於較低水平,比值越低意味著投資風險越低。

不過,透過股價淨值比判斷個股投資價值時,還應該考慮當時的市場環境、公司的經營情況和盈利能力等因素。

$ 籌碼分布圖

籌碼分布的學術名稱是「流通股票持股成本分布」,在行情軟體的K線圖視窗右側(如第42頁圖1-35所示)展開個股的籌碼分布圖,可以看到緊密排列的水平柱狀條。

在籌碼分布圖中,每根柱狀條與K線圖中的價格座標對應,在不同價格座標上建立部位的持股量占總流通盤的百分比,便形成不同長度的柱狀條。

在K線圖中移動滑鼠游標至不同的日K線上(見第42頁圖1-36),可以

圖1-34	浦發銀行（600000）主要財務指標

	總市值	淨資產	淨利潤	市盈率	市淨率	毛利率	淨利率	ROE ⑦
浦发银行	3 500亿	3 646亿	407亿	6.48	1.06	0.00%	34.02%	12.86%
銀行 （行业平均）	3 319亿	3 937亿	433亿	5.75	0.84	62.39%	37.61%	14.66%
行业排名	7|25	7|25	8|25	12|25	12|25	4|25	15|25	14|25
四分位属性 ⑦	高	高	較高	較低	較低	高	較低	較低

在右側的籌碼分布圖上看到當天籌碼的轉換過程。除了不同顏色的柱狀條之外，還可以看到個股的籌碼綜合成本（如第43頁圖1-37所示），投資者可以據此分析自己買進的價格暫時是屬於高位還是低位。

按一下右側視窗上方的第三個圖，就能查看個股的近期移動成本分布圖（如第43頁圖1-38所示）。在這張圖中，不同顏色顯示5週期內、10週期內、20週期內的成本分布等情況。

在籌碼分布圖中，反映不同價位上的投資者持股數量。若近期的交易造成某個價位的投資者籌碼數量增加，那麼其他價位的持股數量一定會減少。投資者可以透過籌碼分布圖，有效識別主力建立部位和出貨的全部過程，就像放電影一樣，把主力的一舉一動展現在大家面前。

漲幅榜

漲跌又稱漲跌值，用「元」做單位表示價格變動量。漲跌是以每天的收盤價與前一個交易日的收盤價相比，來決定股價是漲是跌，計算公式如下：

漲跌＝當日收盤價－前一個交易日的收盤價。

一般來說，在交易台上方的公告牌上，用「＋（正號）」和「－（負號）」表示漲跌，正值為漲，負值為跌，否則為持平。

圖1-35　　展開籌碼分布圖（1）

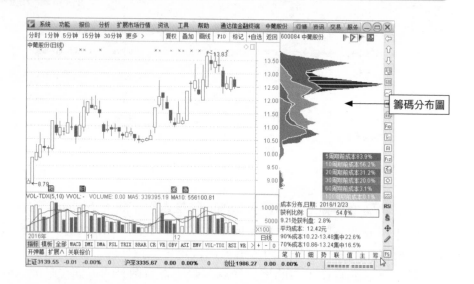

圖1-36　　展開籌碼分布圖（2）

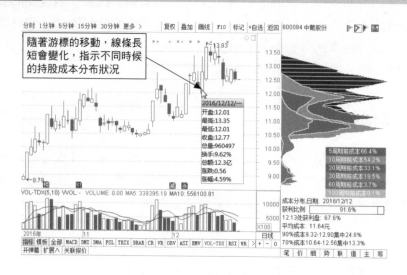

圖1-37 展開籌碼分布圖（3）

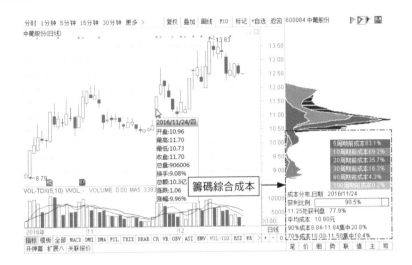

圖1-38 近期移動成本分布圖

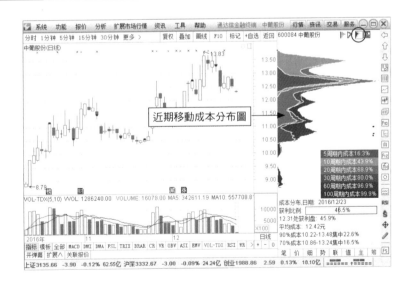

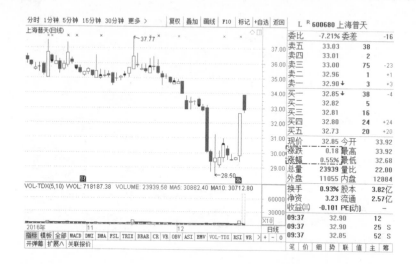

圖1-39	上海普天（600680）2016 年 12 月 23 日股價上漲

漲幅是指目前這檔股票的上漲幅度。漲幅的計算公式如下：

漲幅＝（現價－上一個交易日收盤價）÷上一個交易日收盤價×100%。

以下舉例分析分時圖中的漲跌、漲幅與振幅。

在5檔盤面視窗下方的區域中，投資者可以直接獲取當前股票的漲跌情況和幅度。其中，漲跌資料和漲幅資料為紅色，表示當前股價相對於上個交易日的收盤價上漲。見圖1-39，上海普天2016年12月23日的股價相對於22日的股價上漲0.18元，漲幅為0.55%。

如果漲跌資料和漲幅資料為綠色，表示當前股價相對於上個交易日的收盤價下跌。見圖1-40，柯利達2016年12月23日的股價相對於22日的股價下跌0.12元，跌幅為-0.50%。

如果漲幅為0，表示今天沒漲沒跌，價格和前一個交易日持平。圖1-41是通裕重工2016年12月23日的走勢圖。從圖中可以看到，現價為3.04元，上一個交易日收盤價為3.04元，因此漲幅為（3.04元－3.04元）÷3.04元×100%＝0.00%。

圖1-40　柯利達（603828）2016 年 12 月 23 日股價下跌

圖1-41　通裕重工（300185）2016 年 12 月 23 日股價漲跌為 0

　　股票振幅是指，股票開盤後的當日最高價和最低價的差價絕對值，與前一交易日收盤價的百分比，它在一定程度上表現出股票有多麼活躍。見圖1-42，京能電力2016年12月21日的收盤價是4.23元，22日最高上漲到4.25元，最低下跌到4.21元，則日振幅為（4.25－4.21）÷4.23×100％＝0.95％。週振幅分析、月振幅分析以此類推。

專家提醒

　　振幅的數據可以反映市場的活躍程度。個股振幅越大，說明主力資金介入的程度越深，反之則越小。但是，不能一概而論，要結合具體的股價波動區間進行分析。若在相對歷史低位，出現振幅較大的市場現象，說明有主力資金介入。相反地，在相對歷史高位出現上述現象，通常預示有機構主力資金出逃。

量比指標

　　量比是指當天成交量與近期成交量平均的比值，量比指標主要用於觀察最近5個交易日的成交量活躍度。如第48頁圖1-43所示，中國國貿2016年12月23日的量比為1.18。

　　量比數值的大小，表示近期此時成交量的增減，大於1表示此時成交量已放大，如第48頁圖1-44所示，小於1表示此時成交量萎縮。

　　不同量比反映的市場意義不同，常用的量比市場意義見第49頁表1-3。量比的大小展現當前的盤面狀態，投資者可以根據量比的大小，確定成交量的大小及買賣盤面的時機。

　　既然量比的不同可以反映股票交易熱度、市場冷熱程度，投資者可以透過量比篩選出當前交易較活躍、成交量能高的個股，來買進操作，以獲取豐厚的利潤。

圖1-42　京能電力（600578）的分時圖

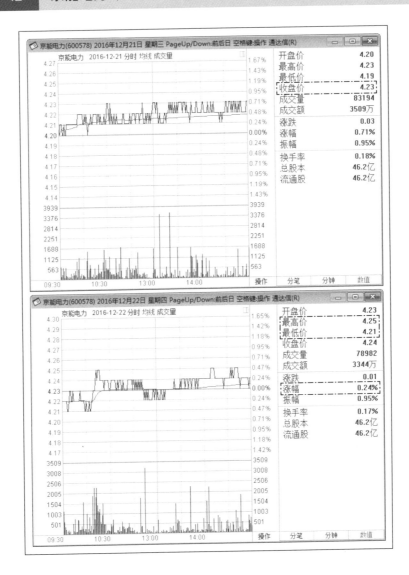

圖1-43 中國國貿（600007）2016 年 12 月 23 日的量比正常

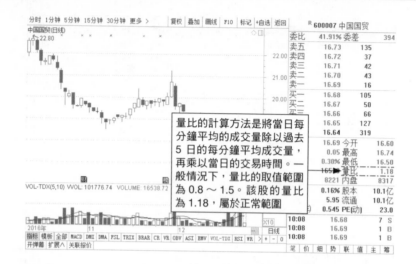

量比的計算方法是將當日每分鐘平均的成交量除以過去 5 日的每分鐘平均成交量，再乘以當日的交易時間。一般情況下，量比的取值範圍為 0.8 ～ 1.5。該股的量比為 1.18，屬於正常範圍

圖1-44 興業股份（603928）的量比異常

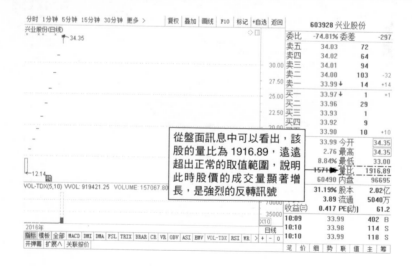

從盤面訊息中可以看出，該股的量比為 1916.89，遠遠超出正常的取值範圍，說明此時股價的成交量顯著增長，是強烈的反轉訊號

| 表1-3 | 量比的市場意義 |

量比	含意
< 0.5	表明成交量嚴重縮量，顯示股票交易清淡，無人問津。若股價連續創出新高，此時量比值較小，成交量縮量，說明主力已穩穩控制住盤面，沒有臨時出逃的籌碼破壞盤面形態，因此排除主力高位出貨，而且股價繼續上漲的可能性較大。若股價處在縮量調整中，同樣也說明主力控盤程度較高，籌碼較為堅定，沒有被震倉出局，因此投資者可以持股待漲
0.8 ～ 1.5	表示成交量處於正常水準，此時買賣股票的風險不大
1.5 ～ 2.5	表示成交量溫和放大。若股價處於穩步上升的態勢，表示股價上漲情況良好，可以持股待漲。若股價下跌，表示下跌行情將延續，短期內股價不會止跌反彈，持有該類股的投資者應及時賣出停損
2.5 ～ 5	表示成交量明顯放大，若股價相應地突破重要支撐或壓力位置，則突破機率頗高，投資者可以相應地採取行動
5 ～ 10	表示成交量劇烈放大。若個股在長期低位後出現劇烈放量，說明股價後續漲勢空間巨大。若股價在高位大幅上漲時出現劇烈放量，投資者應當注意，謹防主力出貨
10 ～ 20	表示成交量極端放大，這是股價反轉的訊號。若股價處在連續上漲的高位，成交量放大，則是股價即將見頂的訊號。當股價處在連續下跌的走勢中，成交量放大，股價跌勢趨緩，則是股價即將見底的訊號，投資者可以少量加碼
> 20	這種情況極少見，是較強烈的反轉訊號，表示推動股價上漲或下跌的動能已耗盡，股價將改變原有趨勢，往反方向發展

類股分類

在股市中，每檔股票都屬於某個類股，以下我將簡單介紹6種類股：

（1）**金管會行業類股**：是指發行股票時，金管會認定的該股票所屬行業類股。其分類見第50頁圖1-45。

（2）**概念股**：是指具有某種特別內涵的股票，通常被當作一種選股和炒作題材，成為股市熱點。其分類見第50頁圖1-46。

（3）**風格類股**：是指將不同投資和操作風格的股票進行分類的類股。其分類見第51頁圖1-47。

圖1-45　金管會行業類股

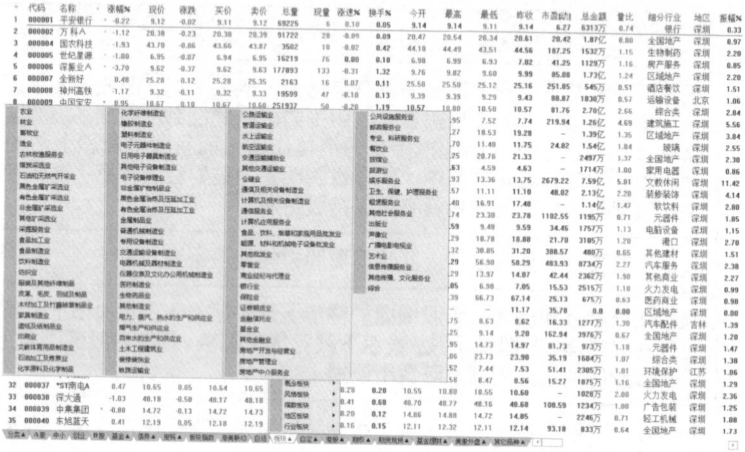

	代码	名称	涨幅%	现价	涨跌	买价	卖价	总量	现量	涨速%	换手%	今开	最高	最低	昨收	市盈动	总金额	量比	细分行业	地区	涨幅%
1	000001	平安银行	-0.22	9.12	-0.02	9.11	9.12	69225	6		0.05	9.14	9.14	9.11	9.14	6.27	6313万	0.74	银行	深圳	0.33
2	000002	万科A	-1.12	20.38	-0.23	20.38	20.39	91722	20	-0.49	0.14	20.54	20.34	20.21	20.61	20.42	1.87亿	0.80	全国地产	深圳	0.97
3	000004	国农科技	-1.93	43.70	-0.86	43.66	43.87	3582	10	-0.02	0.42	44.10	44.49	43.51	44.56	187.25	1532万	1.16	生物制药	深圳	2.20
4	000005	世纪星源	-1.00	6.95	-0.07	6.95	6.96	16219	6	-0.18	0.19	6.98	6.99	6.93	7.02	41.25	1137万	1.16	房产服务	深圳	0.85
5	000006	深振业A	-3.70	9.62	-0.37	9.62	9.63	177893	133	-0.31	1.32	9.76	9.95	9.60	9.99	85.00	1.73亿	1.24	区域地产	深圳	0.05
6	000007	全新好	0.40	25.28	0.12	25.28	25.35	2163	16	0.87	0.11	25.50	25.16	251.85	545万	0.51	酒店餐饮	深圳	1.51	
7	000008	神州高铁	-1.17	9.32	-0.11	9.32	9.33	19599	47	-0.10	0.13	9.39	9.43	88.87	1830万	0.42	运输设备	北京	1.27	
8	000009	中国宝安	0.95	10.67	0.10	10.67	10.68	251932	50		1.19	10.57	10.00	10.50	10.57	81.76	2.70亿	0.94	综合类	深圳	2.66

（下略）

圖1-46　概念類股

	代码	名称	涨幅%	现价	涨跌	买价	卖价	总量	现量	涨速%	换手%	今开	最高	最低	昨收	市盈动
1	000001	平安银行	-0.33	9.11	-0.03	9.10	9.11	75468	129	-0.10	0.05	9.14	9.14	9.10	9.14	6.27
2	000002	万科A	-1.26	20.35	-0.26	20.35	20.36	94503	169	-0.34	0.14	20.54	20.47	20.34	20.61	20.39
3	000004	国农科技	-2.04	43.65	-0.91	43.65	43.87	3532	3	-0.14	0.43	44.10	44.49	43.51	44.56	187.04
4	000005	世纪星源	-1.28	6.93	-0.09	6.93	6.94	17044	20	-0.14	0.19	6.98	6.99	6.93	7.02	41.13
5	000006	深业达A	-3.90	9.60	-0.39	9.61	9.62	183278	181	-0.31	1.36	9.76	9.76	9.60	9.99	84.90
6	000007	全新好	0.95	25.40	0.24	25.37	25.40	2307	40	0.55	0.11	25.50	25.50	25.12	25.16	253.05
7	000008	神州高铁	-1.27	9.31	-0.12	9.31	9.32	20266	54	-0.21	0.14	9.39	9.39	9.29	9.43	81.70
25	000029	深房A										10.00	10.50	10.57	81.69	
26	000030	富奥股份	1.28	0.73	0.11	8.72	0.73			0.11				11.17	35.78	
27	000031	中粮地产	-0.33	9.17	-0.03	9.17	9.18			0.32	0.25	9.15	9.25	9.14	9.20	162.58

（下略）

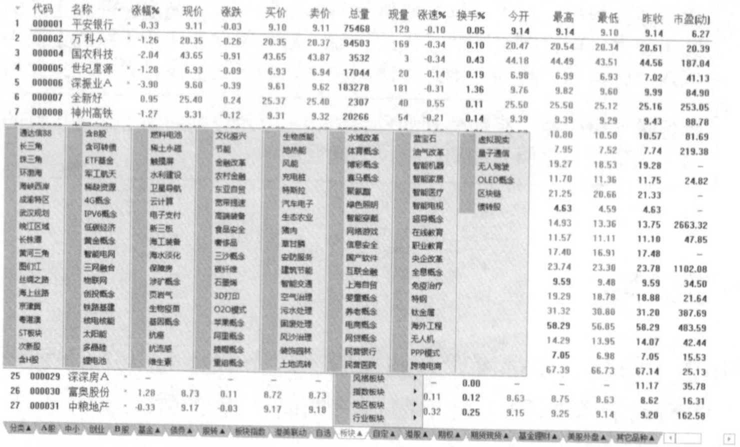

　　（4）**指數類股**：是指按照指數劃分的類股，見圖1-48。

　　（5）**地區類股**：是按照地域劃分的類股，將不同上市公司的所在地作為分類依據，見第52頁圖1-49。

圖1-47　風格類股

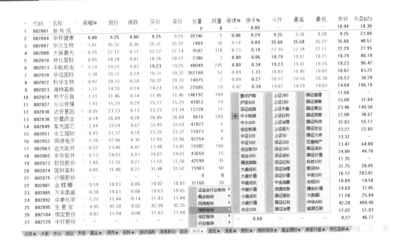

圖1-48　指數類股

（6）產業股：將某些處於同一行業的股票，劃歸成一類所得出的類股，見第52頁圖1-50。建材類股是建材行業這類股票的一個類別，旅遊類股是旅遊行業類別。

圖1-49　地區板塊

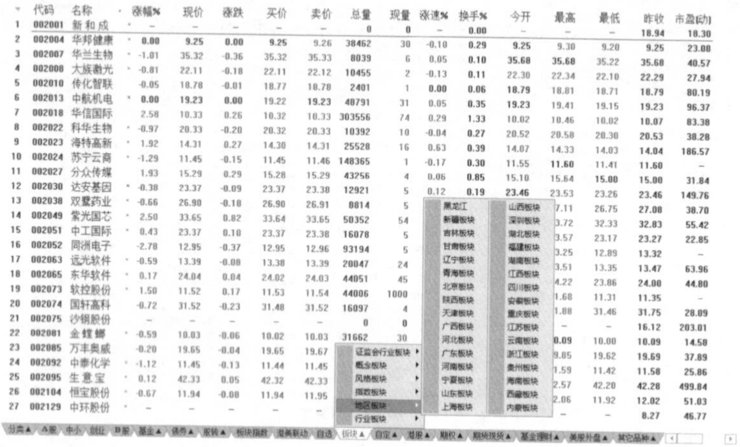

圖1-50　產業股

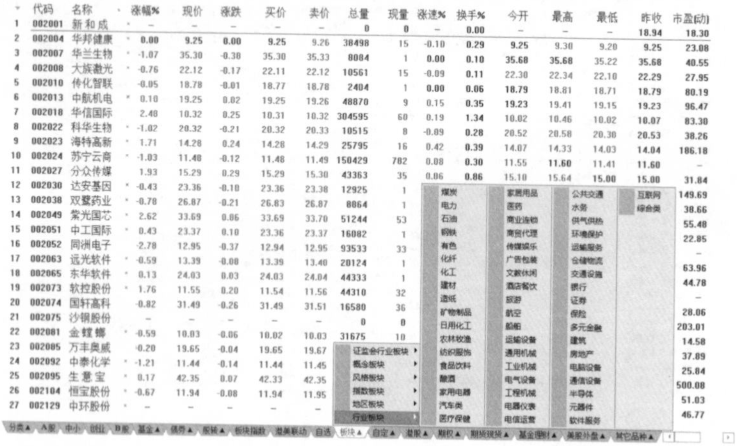

　　舉例來說，在「行業類股」列表中選擇「汽車類」選項，即可在行情軟體主視窗中，列出屬於汽車類的股票行情報價，見圖1-51。

圖1-51　汽車類的股票行情報價

	代码	名称	涨幅%	现价	涨跌	买价	卖价	总量	现量	涨速%	换手%	今开	最高	最低	昨收	市盈动
1	300507	苏奥传感	-2.06	107.91	-2.27	107.91	107.99	3018	1	0.10	1.81	109.92	109.92	107.12	110.18	80.27
2	603701	德宏股份	-1.68	62.00	-1.06	61.92	62.00	2989	5	0.04	1.52	63.10	63.13	61.51	63.06	69.65
3	000025	特力A	-2.30	56.95	-1.34	56.92	56.95	17944	17	-0.33	0.93	57.50	58.29	56.66	58.29	484.36
4	603319	湘油泵	-4.49	53.79	-2.53	53.73	53.75	51873	14	0.46	25.25	55.00	55.70	52.81	56.32	87.09
5	002813	路畅科技	0.86	51.70	0.45	51.69	51.70	4612	36	-0.13	1.54	51.86	52.43	51.59	52.15	120.71
6	002594	比亚迪	-0.97	50.88	-0.50	50.82	50.88	14048	1	0.17	0.17	51.44	51.45	50.73	51.38	28.41
7	300304	云意电气	0.86	46.70	0.40	46.70	46.75	61147	100	0.00	3.19	46.29	46.80	45.41	46.30	102.94
8	603788	宁波高发	-1.15	42.25	-0.49	42.23	42.25	2630	22	0.04	0.54	42.70	42.80	42.05	42.74	40.05
9	603009	北特科技	0.04	40.04	0.04	40.01	40.04	2880	10	-0.27	0.79	40.04	40.38	39.91	40.38	103.33
10	002625	龙生股份	-0.87	38.90	0.34	38.89	38.90	3016	1	-0.12	0.13	38.88	39.40	38.80	39.24	234.10
11	603377	东方时尚	0.91	30.82	0.35	30.82	30.83	3830	122	0.56	0.77	30.47	30.86	30.20	30.47	58.27
12	601799	星宇股份	-0.76	37.99	-0.29	37.96	38.00	3959	7	-0.05	0.17	38.19	38.28	37.73	38.28	32.72
13	601163	三角轮胎	0.91	35.88	-0.33	35.87	35.88	24281	43	0.05	1.21	36.10	36.10	35.80	36.21	37.94
14	002715	登云股份	-0.50	35.70	-0.18	35.70	35.75	3038	15	0.02	0.56	35.62	35.85	35.59	35.88	738.27
15	000710	天兴仪表	10.01	35.62	3.24	35.62		774	1	0.00	0.05	35.62	35.62	35.62	32.38	—
16	603306	华懋科技	0.65	35.20	0.23	35.15	35.19	2730	3	0.00	0.37	35.68	35.69	35.04	35.43	31.33
17	002766	索菱股份	-1.24	34.15	-0.43	34.14	34.15	5208	2	0.05	0.59	34.55	34.66	34.08	34.58	77.23
18	600699	均胜电子	-1.85	33.90	-0.64	33.89	33.90	51999	7	0.14	0.75	34.41	34.47	33.70	34.54	43.44
19	002190	成飞集成	-0.15	33.10	0.05	33.10	33.11	8422	10	-0.15	0.24	33.20	33.43	33.06	33.15	95.66
20	002703	浙江世宝	-1.91	32.85	-0.64	32.85	32.89	31319	4	0.27	2.26	33.40	33.40	32.78	33.49	153.08
21	002537	海立美达	0.97	32.64	0.32	32.64	32.65	4546	1	0.18	0.15	32.95	33.19	32.61	32.96	141.29
22	600182	S佳通	1.10	31.34	0.34	31.34	31.38	26463	5	-0.28	1.56	30.91	31.68	30.11	31.00	70.40
23	002592	八菱科技	-0.99	30.06	-0.30	30.07	30.22	1276	3	-0.33	0.10	30.14	30.46	30.05	30.36	29.96
24	300176	鸿特精密	0.30	30.05	0.09	30.04	30.05	7329	43	0.20	0.69	29.98	30.06	29.79	29.96	75.17
25	603158	腾龙股份	1.35	30.00	-0.41	29.95	30.00	4892	14	0.30	0.48	30.40	30.40	29.81	30.41	61.26
26	600262	北方股份	-1.04	29.51	-0.31	29.51	29.58	6177	10	0.23	0.36	29.82	29.82	29.27	29.82	—
27	600148	长春一东	-1.53	29.00	-0.45	29.00	29.02	11293	61	-0.24	0.80	29.24	29.70	29.00	29.45	298.11

分类▲　A股　中小　创业　B股　基金▲　債券▲　回转　板块指标　是美联动　自选　历史　自定　活股　期权▲　期货现货▲　基金理財▲　美股外盘▲　其它品种▲

股東研究

　　接下來，以東方財富網為例，介紹如何查看十大流通股東進出情況。（編按：關於台灣各家上市公司股東結構資訊，可至「公開資訊觀測站」網站，查詢「董事、監察人、經理人及大股東持股餘額彙總表」。）

STEP ❶ 如第54頁圖1-52所示，進入個股詳情頁面，點擊「F10檔案」一欄中的「股東研究」連結。

STEP ❷ 執行操作之後，進入「股東研究→股東人數」頁面，見第54頁圖1-53。股價通常與股東人數成反比，股東人數越少代表籌碼越集中，股價越有可能上漲。

STEP ❸ 點擊「十大流通股東」進入頁面，見第55頁圖1-54。十大流通股東是上市公司中，持有可在交易所流通股份數量前10名的股東。投資者可以對照連續幾個季度的十大流通股東名單，如果有3個或以上的帳戶持股數量頻繁變動，基本可以斷定該股有主力操作。

STEP ❹ 點擊「十大股東」連結進入頁面，點擊不同的時段標籤，就能查看不同時期的十大股東持股情況，如第55頁圖1-55所示。

圖1-52　點擊「股東研究」連結

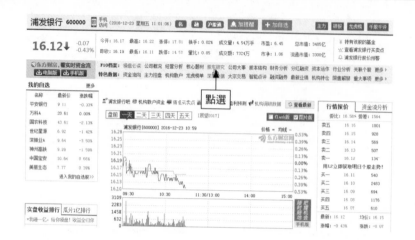

圖1-53　「股東研究→股東人數」頁面

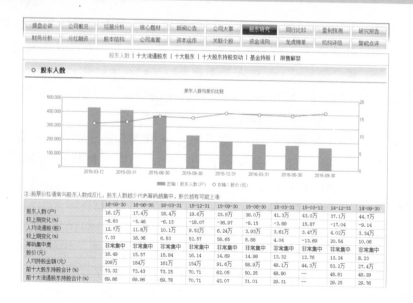

圖1-54　「十大流通股東」頁面

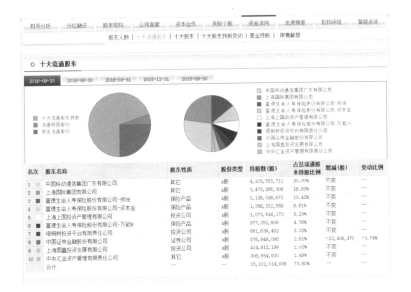

圖1-55　「十大股東」頁面

十大股東是指持有公司股份的前十名股東

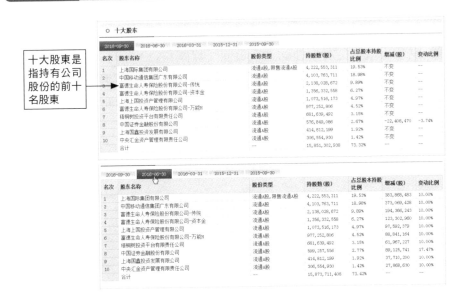

圖1-56　「十大股東持股變動」頁面

| 财务分析 | 分红融资 | 股本结构 | 公司高管 | 资本运作 | 关联个股 | 资金流向 | 龙虎榜单 | 机构评级 | 智能点评 |

股东人数 | 十大流通股东 | 十大股东 | 十大股东持股变动 | 基金持股 | 限售解禁

○ 十大股东持股变动

变动时间	名次	股东名称	股份类型	持股数(股)	占总股本持股比例	增减(股)	增减股占原股东持股比例	变动原因
2016-03-18	1	上海国际集团有限公司	流通A股,限售 流通A股	3,838,684,828	19.53%	681,170,911	21.57%	增发上市
2016-03-18	2	中国移动通信集团广东有限公司	流通A股	3,730,694,283	18.98%	不变	--	增发上市
2016-03-18	3	富德生命人寿保险股份有限公司-传统	流通A股	1,943,662,429	9.89%	不变	--	增发上市
2016-03-18	4	富德生命人寿保险股份有限公司-资本金	流通A股	1,233,029,598	6.27%	不变	--	增发上市
2016-03-18	5	上海上国投资产管理有限公司	流通A股	975,923,794	4.97%	不变	--	增发上市
2016-03-18	6	富德生命人寿保险有限公司-万能H	流通A股	888,411,642	4.52%	不变	--	增发上市
2016-03-18	7	梧桐树投资平台有限责任公司	流通A股	619,672,265	3.15%	不变	--	增发上市
2016-03-18	8	中国证券金融股份有限公司	流通A股	515,680,494	2.62%	72,377,533	16.33%	增发上市
2016-03-18	9	上海国盛投资发展有限公司	流通A股	377,101,999	1.92%	不变	--	增发上市
2016-03-18	10	中央汇金资产管理有限责任公司	流通A股	278,686,300	1.42%	不变	--	增发上市
2016-03-15	1	中国移动通信集团广东有限公司	流通A股	3,730,694,283	20.00%	不变	--	发行前
2016-03-15	2	上海国际集团有限公司	流通A股	3,157,513,917	16.93%	不变	--	发行前
2016-03-15	3	富德生命人寿保险股份有限公司-传统	流通A股	1,943,662,429	10.42%	不变	--	发行前
2016-03-15	4	富德生命人寿保险股份有限公司-资本金	流通A股	1,233,029,598	6.61%	新进	--	发行前
2016-03-15	5	上海上国投资产管理有限公司	流通A股	975,923,794	5.23%	不变	--	发行前
2016-03-15	6	富德生命人寿保险有限公司-万能H	流通A股	888,411,642	4.76%	-318,781,732	-26.41%	发行前
2016-03-15	7	梧桐树投资平台有限责任公司	流通A股	619,672,265	3.32%	不变	--	发行前
2016-03-15	8	中国证券金融股份有限公司	流通A股	443,302,961	2.38%	18,848,823	4.44%	发行前
2016-03-15	9	上海国鑫投资发展有限公司	流通A股	377,101,999	2.02%	不变	--	发行前
2016-03-15	10	中央汇金资产管理有限责任公司	流通A股	278,686,300	1.49%	不变	--	发行前

STEP 5 點擊「十大股東持股變動」連結進入頁面，見圖1-56。當然，十大股東持股變動情況只能作為參考，投資者還需要配合其他基本面分析和技術分析，多角度、全方位、立體化地研判個股和大盤走勢，才能取得最佳效果。

STEP 6 點擊「基金持股」連結進入頁面（見圖1-57），可以查看基金的持股數、持股市值、占總股本比、占流通比、占淨值比等資料。基金在股市上的出入會大大影響個股的價格。基金入則價格漲；基金出則價格跌；基金持股不動，股價相對穩定。

STEP 7 點擊「股本結構」進入頁面（見圖1-58），可以查看限售解禁、股本結構、歷年股本變動、股本構成等資訊。

圖1-57 「基金持股」頁面

名次	基金代碼	基金名稱	連接	持股數(股)	持倉市值(元)	占總股本比	占流通比	占淨值比
1	001683	華商新經濟混合	購買	122,677,919	2,022,956,884	0.57%	0.60%	5.23%
2	510050	華夏上證50ETF	購買	64,567,620	1,064,720,053	0.30%	0.31%	3.86%
3	510810	匯添富中証上海國企ETF	購買	45,615,212	752,194,845	0.21%	0.22%	5.33%
4	160631	鵬華銀行分級	購買	34,804,699	573,929,486	0.16%	0.17%	8.33%
5	510180	華安上証180ETF	購買	24,156,063	398,333,478	0.11%	0.12%	2.37%
6	510300	華泰柏瑞滬深300ETF	購買	18,774,000	309,583,260	0.09%	0.09%	1.61%
7	159919	嘉實滬深300ETF	購買	15,621,175	257,593,175	0.07%	0.08%	1.54%
8	510330	華夏滬深300ETF	購買	14,247,270	234,937,482	0.07%	0.07%	1.46%
9	000471	富國城鎮發展股票	購買	10,999,937	181,388,961	0.05%	0.05%	3.98%
10	510230	國泰上証180金融ETF	購買	10,196,163	168,134,727	0.05%	0.05%	5.14%
11	165521	信誠中証800金融指數分級	購買	5,617,457	92,631,865	0.03%	0.03%	4.38%
12	050001	博時價值增長混合	購買	5,131,100	84,611,839	0.02%	0.03%	1.86%
13	180003	銀華-道瓊斯88指數	購買	5,000,000	82,450,000	0.02%	0.02%	3.45%
14	161029	富國中証銀行指數分級	購買	4,693,917	77,402,691	0.02%	0.02%	9.00%
15	510310	易方達滬深300發起式ETF	購買	3,711,500	61,202,635	0.02%	0.02%	1.60%
16	160418	華安中証銀行指數分級	購買	3,690,205	60,851,480	0.02%	0.02%	8.30%
17	000172	華泰柏瑞量化增強混合A	購買	3,460,642	57,065,986	0.02%	0.01%	3.38%
18	001420	南方大數據300A	購買	2,741,396	45,205,620	0.01%	0.01%	2.39%
19	161723	招商中証銀行指數分級	購買	2,662,097	43,897,979	0.01%	0.01%	8.99%
20	160716	嘉實基本面50指數(LOF)	購買	2,431,232	40,091,015	0.01%	0.01%	3.30%
21	040002	華安中國A股增強指數	購買	2,344,945	38,668,143	0.01%	0.01%	1.30%
22	001074	華泰柏瑞量化驅動混合	購買	2,276,905	37,546,163	0.01%	0.01%	2.59%
23	050201	博時價值增長貳號混合	購買	2,249,697	37,097,503	0.01%	0.01%	1.98%
24	519180	萬家180指數	購買	2,127,077	35,075,499	0.01%	0.01%	2.27%
25	460002	華泰柏瑞積極成長混合A	購買	2,000,000	32,980,000	0.01%	0.01%	2.36%
26	481009	工銀滬深300指數	購買	1,957,406	32,277,624	0.01%	0.01%	1.54%

圖1-58 「股本結構」頁面

股本結構是股本的各個構成比例關係，反映一種股本構成狀態

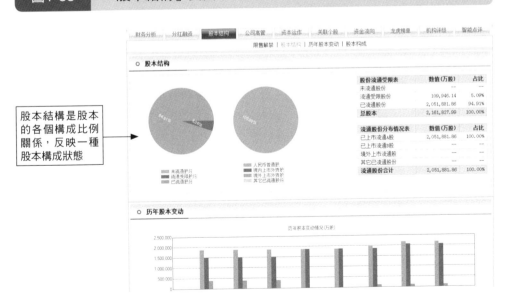

第 2 章

觀察「分時圖」，迅速把握多空力量變化

2-1
讀懂大盤和個股的分時圖，從細節裡發現趨勢

　　分時圖是從微觀的角度，展示股價在一天中上下波動的情況。在了解股市的趨勢後，還要深入研究股價每天的運行狀況。若想要全面看懂股票盤面，必須從宏觀層面逐級縮小至微觀層面，才能從細微之處見大勢。

　　分時走勢圖又稱即時走勢圖，是指把股市的交易資訊，適時地用曲線在座標圖上加以顯示的技術圖形。座標的橫軸是開市時間，縱軸的上半部分是股價或指數，下半部分是成交量。分時走勢圖是股市現場交易的即時資料，其分為大盤分時走勢圖和個股分時走勢圖。

💲 大盤分時圖

　　大盤指數即時分時圖是指，大盤指數在一天內每分鐘的動態走勢圖，它反映大盤指數一天內的運行情況。大盤指數即時分時圖由買盤比率、賣盤比率、加權指標和不加權指標4個部分組成。圖2-1是2016年12月27日上證指數的大盤即時分時圖。

　　•**加權指數**：即證交所每日公布的大盤實際指數。

　　•**不含加權指標**：大盤不含加權的指標，將所有股票對指數影響看作相同，而計算出來的大盤指數。

　　•**紅綠柱線**：在2條曲線附近有紅綠柱狀線，是反映大盤即時所有股票的買盤與賣盤在數量上的比率。紅柱線的增長、縮短，表示上漲買盤力量的增減；綠柱線的增長、縮短，表示下跌賣盤力道的強弱。

　　•**黑色柱線**：用來表示每一分鐘的成交量。

圖2-1　上證指數（999999）的大盤分時圖

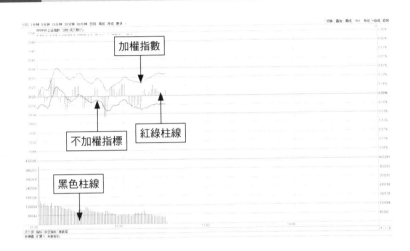

(專家提醒)

　　紅綠柱線是買盤和賣盤的比率。紅線柱增長，表示買盤大於賣盤，指數將逐漸上漲；紅線柱縮短，表示賣盤大於買盤，指數將逐漸下跌。綠線柱增長，指數下跌量增加；綠線柱縮短，指數下跌量減少。

個股分時圖

　　個股即時分時圖顯示的是個股每分鐘價格變動的動態圖，是研判個股當天走勢的重要參考依據。個股即時分時圖分別由成交價曲線、平均價曲線和成交量柱線3部分組成。

　　第62頁圖2-2是2016年12月27日平安銀行的即時分時圖。與大盤分時走勢圖相似，在個股分時走勢圖下方的黑色柱線（見圖2-3），代表每分鐘該股的成交量。而且，移動滑鼠游標也可以查看指定時間的成交量。

圖2-2　　平安銀行（000001）的即時分時圖

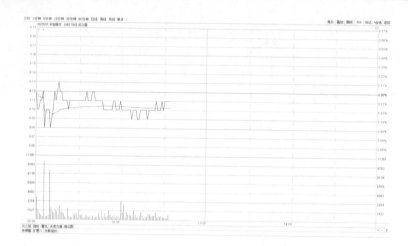

圖2-3　　成交量柱線

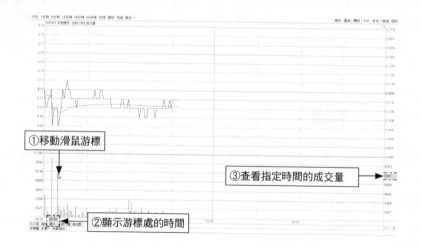

①移動滑鼠游標

③查看指定時間的成交量

②顯示游標處的時間

專家提醒

分時圖上只能顯示一個交易日的走勢，如果想了解近幾個交易日的分時走勢，可以使用「查看多日分時圖」功能。在通達信股票分析軟體中的個股分時圖上按滑鼠右鍵，在彈出的快顯功能表中選擇「多日分時圖」選項，在彈出的子功能表中選擇查看近 10 日的分時圖。

2-2

分析 4 類分時走勢盤面：
開低、開高、開平、拉升

分時走勢圖不僅可以分析股票的買賣點，也可以預測股價短期走勢。本節將分析4種經典的分時走勢盤面。

開低分時走勢盤面

開低分時走勢盤面包括2種情況，分別是開低走低盤和開低走高盤。

1. 開低走低盤

開低走低是指股票當日的開盤價低於上一個交易日的收盤價，且股價在整個交易日中持續下跌，在分時圖中表現為左高右低的形態，如圖2-4所示。以下舉例說明開低走低盤面分析。

STEP 1 見圖2-5，深天地A分時圖在2016年8月22日呈現開低走低的走勢。從圖中可以看出，該股當日走勢呈現開低走低，股價一路下跌，跌幅達5.5%左右。早盤成交量略微放大，盤中成交量保持地量，尾盤再次放量下跌。

STEP 2 第66頁圖2-6為深天地A的K線走勢圖。從圖中可以看出，股價在8月22日收出一根陰線，隨後進入短暫的橫盤走勢。此處的K線是主力洗盤整理的表現，與當日開低走低的分時圖吻合。待主力洗盤結束後，股價繼續保持前期的上漲走勢，一直至37.22元的高點。如果投資者持有該股，則獲利頗豐。

圖2-4 開低走低分時走勢盤面

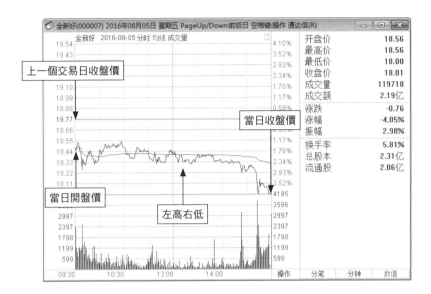

圖2-5 深天地 A（000023）分時圖出現開低走低盤面

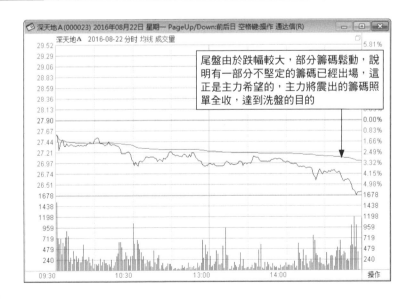

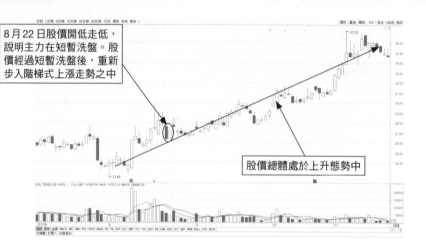

圖2-6	深天地 A（000023）K 線走勢圖

根據開低走低分時出現的位置，可以將其分為不同情況，見表2-1。

2. 開低走高盤

開低走高是指股票當日的開盤價低於上一個交易日收盤價，當日收盤價卻高於上一個交易日的收盤價。在分時圖上表現為成交價曲線和平均價曲線都形成左低右高震盪上升的曲線，如圖2-7所示。

專家提醒

由於股價容易受到消息面影響，在人們普遍預期不好或有大利空消息時，開盤容易開低。但情況好轉或利多消息傳來，股價回升高於開盤價，形成開低走高。如果個股探底回升的幅度超過跌幅的 50%，則短期內上漲機率較大，投資者可以在上一個交易日的收盤價上掛單買進。

表2-1	不同階段開低走低的盤面意義

階段	盤面分析	投資策略
底部建立部位階段	如果某日股價出現開低走低的走勢，說明主力在進行試盤操作	投資者應保持觀望，待主力建立部位完畢，開始拉抬股價時介入
橫盤整理階段	在股價橫盤整理時出現開低走低形態，有可能是主力在洗盤或試盤操作	此時投資者可以繼續觀望
股價高位階段	股價階段性地在高位出現開低走低形態，可能是主力要出貨。如果成交量未有大幅放量的跡象，量比值也較低，表明主力在悄悄出貨，怕引起投資者關注；如果成交量放大，說明主力出逃意願明顯，不再留戀該股	股價在高位開低走低，通常表示將形成下跌力量，投資者可以適當減少部位，短期可能有下跌的趨勢

圖2-7	開低走高分時走勢盤面

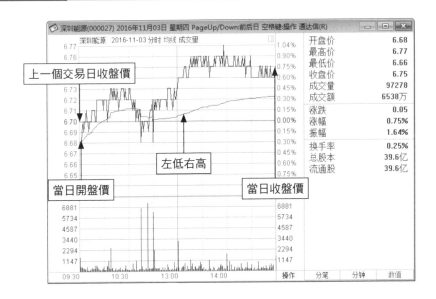

圖2-8　　深深房 A（000029）分時圖出現開低走高盤面

該走勢說明在當日開盤時，有部分投資者在開低處介入，形成密集的成交量，並推動股價上漲，此後有所緩和，至尾盤有部分獲利籌碼出場，進而出現再次放量的情況

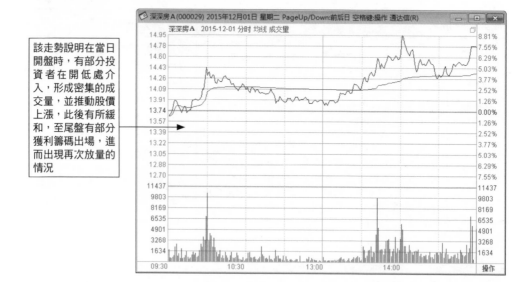

以下舉例說明開低走高盤面分析。

STEP ① 見圖2-8，深深房A分時圖在2015年12月1日形成開低走高的走勢。從圖中可以看出，該股當日在早盤時成交量較密集，盤中短暫放量，至尾盤又有放量的跡象。

STEP ② 圖2-9是深深房A的K線走勢圖。從圖中可以看出，2015年12月1日股價出現開低走高時，已是拉升階段末期，雖然收出大陽線，但沒有突破前期高點，顯示主力拉升力量已逐步衰竭，上漲動能不足。主力此時開低走高是為了吸引跟風盤完成誘多出貨的計畫。由此可見，主力不會為散戶考慮，其目的只有一個，就是為了完成自己的操盤任務。

根據開低走高分時出現的位置，可以將其分為不同情況，見表2-2。

| 圖2-9 | 深深房 A（000029）K 線走勢圖 |

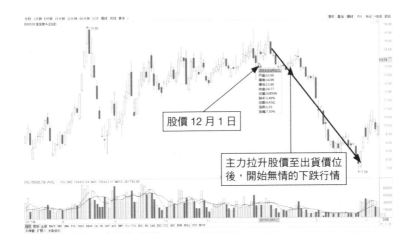

股價 12 月 1 日

主力拉升股價至出貨價位
後，開始無情的下跌行情

| 表2-2 | 不同階段開低走高的盤面意義 |

階段	盤面分析	投資策略
底部建立部位階段	如果當日出現開低走高的分時圖，表示主力在短暫拉升試盤。如果量能沒有放大，則試盤還未結束，主力仍會繼續建立部位，股價繼續在底部運行；如果量能放大，則為主力有意拉高股價建立部位	投資者應觀望，並隨時準備進場
股價拉升初期	如果股價當日出現開低走高的分時圖，表示主力開始主動拉升股價。如果量能沒有放大，則說明盤中籌碼較為穩定，沒有中途獲利盤湧出，主力控制住大部分籌碼；如果量能放大，並且換手率高，則是主力大舉拉高股價，後期漲幅可觀	投資者可以在相對低位介入
股價拉升末期	若股價出現開低走高的走勢，表示主力在做最後的拉升操作，拉升即將結束。主力拉高股價吸引跟風盤，進行誘多操作，為將來出貨做準備	投資者應謹慎操作，隨時準備出貨
股價高位階段	當股價處於頂部區時，若出現開低走高的走勢，表示主力利用平台上股價的小幅震盪進行出貨。若換手率高，則更加驗證這個現象	投資者應果斷出場

圖2-10　　開高走低分時走勢盤面

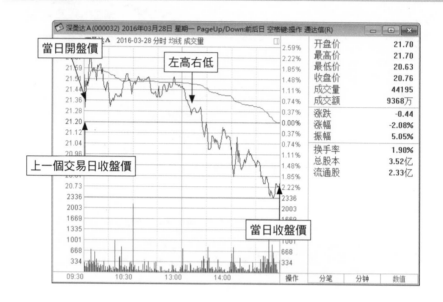

開高分時走勢盤面

開高分時走勢盤面包括2種情況,分別是開高走低盤和開高走高盤。

1. 開高走低盤

開高走低與開低走高相反,是指股價指數在前一個交易日收市點位以上開市,隨著交易進行,股價指數不斷下跌,整個交易日都呈現下跌趨勢,並且跌破上一個交易日的收盤價,在分時圖上表現出左高右低震盪向下的曲線,如圖2-10所示。

開高走低出現在不同階段,其代表的意義也不同,見表2-3。

以下舉例說明開高走低盤面分析。

STEP 1 第72頁圖2-11是浙能電力2015年6月3日的分時走勢圖。從圖中可以看出,該股當天早盤開高後迅速下跌,但多方沒有放棄,仍努力上攻,導致股價短暫拉升,此階段成交量較密集。至尾盤,股價再次

表2-3　　　　不同階段開高走低的盤面意義

階段	盤面分析	投資策略
底部建立部位階段	若當日股價開高走低，是主力有意開高試盤，測試盤中的中小機構和散戶的持股耐心和賣壓力道，為進一步建立部位或拉升做準備	若向下打壓量能沒有有效放大，代表盤中籌碼鎖定穩定性較好，底部調整仍將繼續。 若放量（量比1倍以上）打壓，代表主力有意壓低建立部位，底部中小機構和散戶籌碼鬆動，恐慌盤湧出，後市下跌空間有限，短線機會即將來臨，中線機會較大。
股價拉升階段初期	若當日股價開高走低，是主力欲加速發力上攻，以脫離建立部位成本區	若當日量能沒有有效放大，代表主力有意向下打壓，完成拉升前最後一次洗盤動作。由於主力基本控盤，因此跌幅空間有限，極可能在重要支撐位附近站穩。 若當日放量（量比3倍以上）打壓，換手率5%以上，代表主力投入鉅資操作，盤中震倉洗盤力道較大，同時證明股價將快速上升，上派空間巨大，短中線機會巨大。
股價拉升階段中期	若當日股價開高走低，是主力欲實現盤中震倉意圖，股價上漲趨勢不變，逢低還可加碼買進	若當日量能沒有有效放大，代表主力基本控盤，因此震倉力道不大。 若當日放量（量比3倍以上）打壓，換手率10%以上，代表主力打壓出貨，股價將出現階段性見頂，上派空間有限。短線在重要支撐位進場機會較大，中線機會一般。
股價拉升階段末期	若當日股價開高走低，是主力大量出貨導致的下跌行為，股價已經見頂	若當日量能沒有有效放大，代表主力出貨量較小，因此下跌空間有限。 若當日放量（量比3倍以上）下跌，換手率10%以上，代表主力打壓出貨，股價已經見頂，短中線風險較大。
股價盤頭階段初、中期	若當日股價開高走低，是主力早盤誘多性的出貨式打壓行為，股價將完成最後的震盪誘多，形成第2個或第3個頭部	若當日量能沒有有效放大，代表主力出貨量較少，因此跌幅有限。 若當日放量（量比3倍以上）攻擊，換手率3%以上，代表主力打壓出貨，股價完全見頂，短中線風險巨大。
股價下跌階段末期	若當日股價開高走低，是主力早盤誘多性的出貨式打壓行為，股價將直接震盪盤跌	若當日量能沒有有效放大，代表主力已基本出貨完畢，因此盤跌即將開始。 若當日放量（量比1倍以上）攻擊，換手率3%以上，代表主力打壓出貨，股價即將進入下跌通道，暴跌隨即展開，短中線風險巨大。
股價下跌階段初、中期	若當日股價開高走低，是主力吸引跟風資金進場接盤，然後打壓出貨，股價將在頭部平台附近遇阻而震盪回落	若當日量能沒有有效放大，代表主力沒有投入資金滾動對敲，說明基本出貨完畢。 若當日放量（量比1倍以上）下跌，換手率3%以上，代表主力透過開高吸引跟風資金進場接盤，然後打壓出貨。後市即將暴跌，短中線風險巨大。

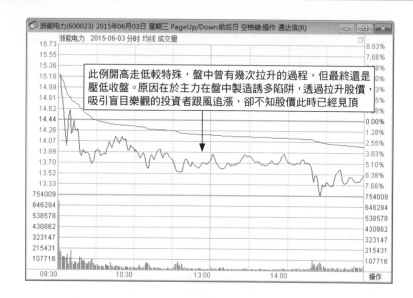

圖2-11　浙能電力（600023）分時圖出現開高走低盤面

此例開高走低較特殊，盤中曾有幾次拉升的過程，但最終還是壓低收盤。原因在於主力在盤中製造誘多陷阱，透過拉升股價，吸引盲目樂觀的投資者跟風追漲，卻不知股價此時已經見頂

被短暫拉升後下跌，收盤至低點，且尾盤成交量密集放大，表明主力開始瘋狂出貨。

STEP 2 圖2-12是浙能電力的K線走勢圖。從圖中可以看出股價開高走低，當日已處於頂部區，前期股價漲幅較大，主力出貨意願強烈。此後股價出現大幅回落，走出多根陰線，跌勢洶湧。

2. 開高走高盤

開高走高是指股票當日的開盤價高於上一個交易日的收盤價，且在整個交易日當中，股價保持上漲趨勢，最終以高於上一個交易日的收盤價收尾，且成交價曲線和平均價曲線都在上一個交易日收盤價上方，見第74頁圖2-13。一般來說，開高走高表明多頭具有強大動力，後市通常會強勢上漲。開高走高出現在不同階段，代表的意義也不同，見第74頁表2-4。

圖2-12	浙能電力（600023）K 線走勢圖

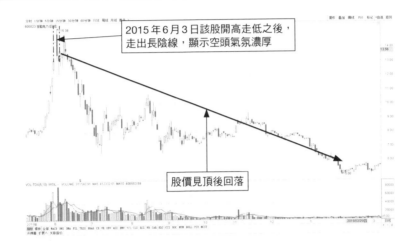

2015 年 6 月 3 日該股開高走低之後，
走出長陰線，顯示空頭氣氛濃厚

股價見頂後回落

圖2-13	開高走高分時走勢盤面

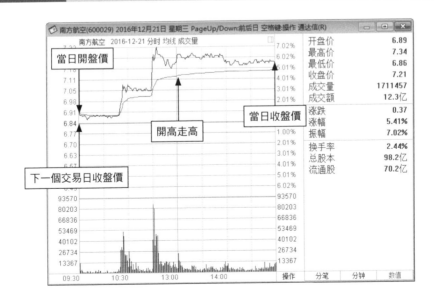

表2-4		不同階段開高走高的盤面意義	

階段	盤面分析	投資策略
低位	如果股價在階段性低位出現開高走高分時圖，主力誘空的嫌疑較大	投資者可以等待股價出現新低之後再進場
高位	如果股價在階段性高位出現開高走高分時圖，表示股價已經見頂，上漲的可能性不大	投資者需及時逢高賣出

專家提醒

在底部建立部位階段，若股價出現開高走高，代表主力在主動拉高股價建立部位。如果量能未放大，說明主力試盤動作不明顯，在悄悄進行，股價後市仍將在底部整理；如果量能放大，說明主力攻擊力強，股價可能在不久後被拉升。

以下舉例說明開高走高的盤面分析。

STEP 1 圖2-14是中信證券2015年12月23日的分時走勢圖。從圖中可以看出，該股當天開盤時便開始拉升價格，成交量溫和放大，之後緩緩回落。在午盤末期，股價再次被強勢拉起至漲停板，量能放至最大水平，股價收盤在高價位，形成開高走高盤面。

STEP 2 圖2-15是中信證券的K線走勢圖。從圖中可以看出，股價開高走高的當天，K線收出一根大陽線，此後股價一路下滑，可見主力出貨力道之大。在分時圖中買進籌碼的散戶，此時必然後悔不已。

專家提醒

在股價高位見頂時，若出現開高走高，表示主力將大規模出貨，股價可能在頂部震盪，形成頭部。

・若當日量能未放大，顯示主力出貨力道不大，控盤度較高。

・若當日量能急劇放大，量比值較高，換手率也較高，表示主力故意

圖2-14 中信證券（600030）分時圖出現高開高走盤面

股價在早盤拉升至高點處時，成交量放大，說明此時股價的上漲吸引很多追漲的跟風盤，而在股價回落時量能萎縮，出逃的籌碼不多。到了午盤的拉升，成交量密集放大，甚至出現天量，代表有更多跟風盤湧入

圖2-15 中信證券（600030）K線走勢圖

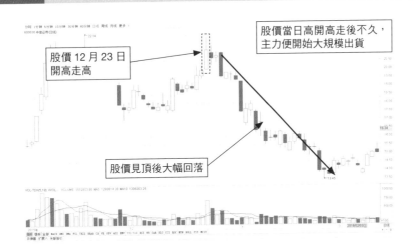

股價當日高開高走後不久，主力便開始大規模出貨

股價12月23日開高走高

股價見頂後大幅回落

拉高製造多頭陷阱，吸引不理智的跟風盤追漲。這只是黑暗前的最後一點曙光，一旦股價被拉至主力的出貨價格，後市必然是洶湧的下跌行情。因此，千萬不可在高位追漲。

開平分時走勢盤面

開平分時走勢盤面包括2種情況，分別是開平走低和開平走高。

1. 開平走低盤

開平走低是指股價當天的開盤價與上一日的收盤價基本持平（見圖2-16），但股價當日並未出現橫盤或上漲走勢，而是持續走低，步入下跌走勢中，直到收盤時也沒有出現強勢上漲。

以下舉例說明開平走低盤面分析。

STEP ① 圖2-17是廣聚能源2016年7月27日的分時走勢圖，可以看出該股當天早盤開平後，股價橫盤整理一段時間，在午盤時急速下跌，同時成交量放大，隨後股價有所回升，但仍然低於開盤價收盤。

STEP ② 第78頁圖2-18是廣聚能源的K線走勢圖。從圖中可以看出，股價7月27日出現開平走低的態勢，盤中成交量放大，顯示有部分籌碼因股價下跌而出場。這可能是主力在壓低建立部位收集籌碼，隨後股價繼續強勢上漲。

開平意味著消息面平靜，多空雙方經過一夜思考後，認為這是一個適中的點位，多方不想買進，空方也不急著賣出。然而，走低如果伴隨成交量放大，表示主流資金兌現或多方趁機吸籌，具體情況要看當時走勢。如果走低而且成交量萎縮，則表示投資者大多處於觀望狀態，交易不夠活絡，後市看淡。以上分析是針對股指，對個股基本上沒有太大的參考價值。

根據開平走低分時出現的位置，可以將其分為不同的情況，見第78頁表2-5。

圖2-16　　開平走低分時走勢盤面

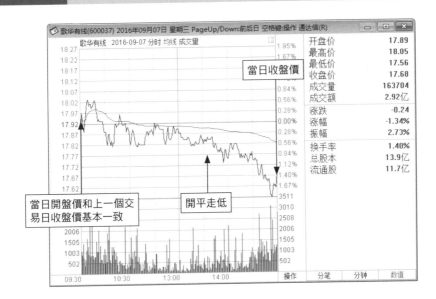

圖2-17　　廣聚能源（000096）分時圖出現開平走低盤面

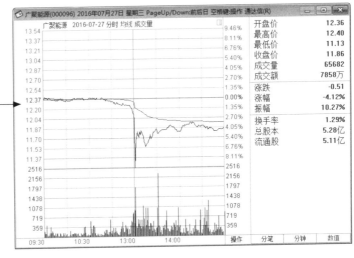

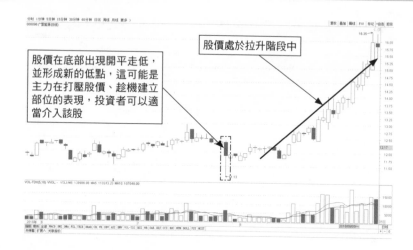

圖2-18	廣聚能源（000096）K線走勢圖

股價在底部出現開平走低，並形成新的低點，這可能是主力在打壓股價、趁機建立部位的表現，投資者可以適當介入該股

股價處於拉升階段中

表2-5	不同階段開平走低的盤面意義

階段	盤面分析	投資策略
底部建立部位階段	若當日分時圖出現開平走低，表示主力應用壓低建立部位的手法收集籌碼。若量能水平一般，代表主力打壓力道不大，股價可能長期處於橫盤整理的走勢中；若量能水平較高，代表主力強勢打壓，股價可能快速見底，甚至形成V形底	投資者可以在底部形成後買進
股價拉升階段	若當日股價開平走低，代表主力透過打壓股價，引誘出跟風盤和底部散戶的籌碼，達到盤中洗盤的目的；若當日量能沒有有效放大，則是主力基本控盤，因此跌幅較小；若當日放量（量比3倍以上）打壓，換手率5%以上，則是主力投入部分資金對敲滾動操作壓低股價，促使盤中籌碼鬆動，同時有效嚇阻場外短線跟風資金	股價在重要支撐位止跌後，短線機會一般，中線機會較大
股價高位階段	若當日股價開平走低，表示主力在盤中殺跌出貨，套牢跟風盤和散戶頂部平台買進的籌碼；若當日量能未有效放大，代表主力出貨量不大，大跌尚未開始；若當日放量（量比3倍以上）下跌，換手率5%以上，代表主力大規模出貨殺跌，股價將擊穿頂部平台的下限支撐，形成破位下跌趨勢	股價在重要支撐位止跌後，短線機會一般，中線風險巨大
股價下跌階段	若當日股價開平走低，表示主力在盤中實施最後的出貨動作，徹底套牢跟風盤和散戶在頂部平台買進的籌碼。若當日量能一般，代表主力出貨量不大，大跌尚未開始。若當日放量（量比3倍以上）下跌，換手率5%以上，代表主力大規模出貨殺跌，股價將擊穿頂部平台的下限支撐，形成破位下跌趨勢	股價在重要支撐位止跌後，短線機會極少，中線觀望

圖2-19　開平走高分時走勢盤面

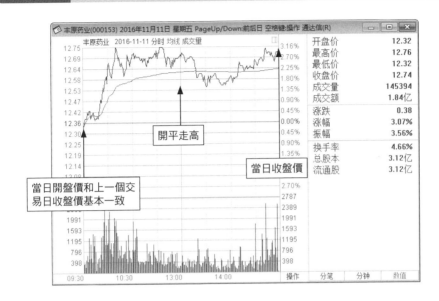

2. 開平走高盤

開平走高與開平走低相反，雖然都是開平，但含意不同。開平走高即當日開盤價與昨日收盤價基本相等，但是盤中出現股價強勢上漲，多方力量嶄露頭角，逐步壓制空方勢力，帶領股價往更高處發展，如圖2-19所示。

以下舉例說明開平走高盤面分析。

STEP ① 第80頁圖2-20是濰柴動力2016年7月12日的分時走勢圖，可以看出該股當天早盤開平，隨後股價不斷拉高，形成走高態勢。

STEP ② 第80頁圖2-21是濰柴動力的K線走勢圖。從圖中可以看出，該股前期處於緩慢上漲的整理態勢中，股價逐漸上漲，並在7月12日出現開平走高的態勢，顯示主力在此階段低調建立部位吸貨。

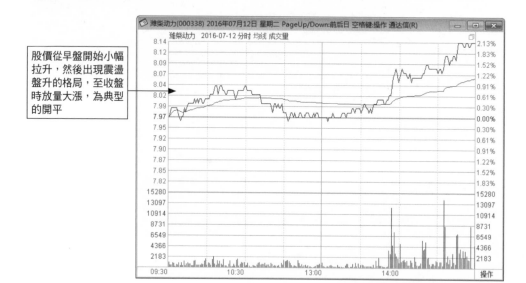

圖2-20　濰柴動力（000338）分時圖出現開平走高盤面

股價從早盤開始小幅
拉升，然後出現震盪
盤升的格局，至收盤
時放量大漲，為典型
的開平

圖2-21　濰柴動力（000338）K 線走勢圖

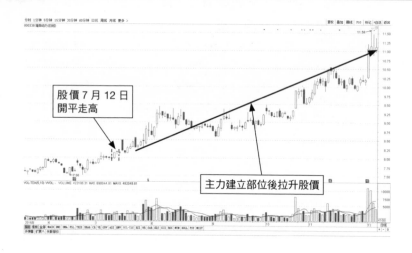

股價 7 月 12 日
開平走高

主力建立部位後拉升股價

表2-6	不同階段開平走高的盤面意義	

階段	盤面分析	投資策略
底部建立部位階段	若當日分時圖出現開平走高，代表主力小幅拉高建立部位的行為；若量能處於較低水平，說明主力希望在不引起場外投資者注意的情況下，低調建立部位，股價可能會保持一段時間的橫盤整理態勢；若成交量放大，說明主力拉高建立部位，股價將盡快完成築底	投資者應觀望，並隨時準備進場
股價拉升初期	若當日分時圖出現開平走高，代表主力正在拉升股價；若量能維持低水平，說明主力並未開始大舉進攻，掌握股價上漲的節奏和力道，走勢平穩，控盤度較好，短期可能面臨洗盤，但後市漲幅空間大；若當日成交量大幅放量，說明主力在運用大筆資金全力拉升股價，後市看漲	投資者可以在相對低位介入
股價頂部區	若股價出現開平走高的走勢，表示主力準備出貨；若當日成交量沒有放大，表示多方勢力衰竭，主力出貨力道不大；若量能放大，表示主力瘋狂出貨，股價已見頂，隨時可能迎來下跌行情	投資者應果斷出場

　　根據開平走高分時出現的位置，可以將其分為不同情況，見表2-6。

拉升分時走勢盤面

　　拉升分時走勢盤面包括2種情況，分別是早盤拉升盤和尾盤拉升盤。

1. 早盤拉升盤
　　早盤拉升（如第82頁圖2-22所示）是指當日股價在9：30～10：30這一個小時之內突然快速上漲，在分時圖中對應的分時線幾乎呈現直線向上的態勢。

2. 尾盤拉升盤
　　尾盤拉升（如第83頁圖2-23所示）是指當日股價在收盤前30分鐘內突然快速上漲，在分時圖中對應時間的分時線幾乎呈現直線向上。

圖2-22 早盤拉升分時走勢盤面

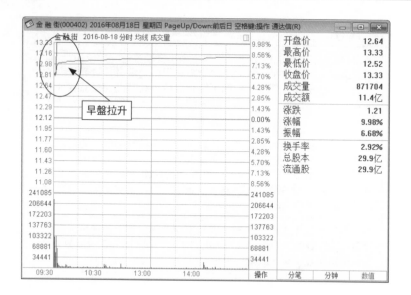

尾盤拉升有以下2種情況。

（1）**低位尾盤拉升**：在階段底部或橫盤整理時期，尾盤拉升預示強勢的開始，新一波上漲即將來臨。

（2）**高位尾盤拉升**：在階段性頂部時期，尾盤拉升為不祥之兆，謹防主力誘空出貨，後市將出現大幅下跌，建議投資者盡早出場。

圖2-23	尾盤拉升分時走勢盤面

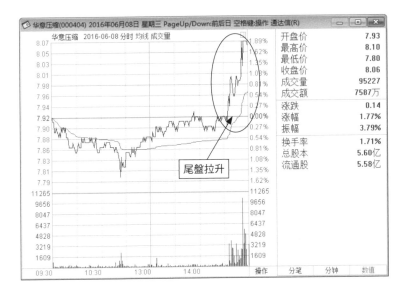

尾盤拉升

2-3

早、中、尾盤各有重點，
你應具備哪些看盤技巧？

分時圖是分析股票短期走勢的重要工具，它能即時掌握多空力量轉換和市場變化的根本。如果要利用分時圖分析行情和預測走勢，需要全面且系統地了解分時圖。

本節將以滬深證交所為例，介紹分時圖早盤、中盤和尾盤的看盤方法與技巧。（編按：世界各地股市的開盤與收盤時間不盡相同，關於台灣證交所的情況，詳情請見「臺灣證券交易所」網站中「產品與服務」底下的「一般交易」。）

早盤的 3 個看盤要點

根據看盤時間，早盤可分為集合競價、開盤5分鐘、開盤半小時。

1. 集合競價

投資者在開盤時關注的資料之一是集合競價，這是分析開盤走勢重要的資料。集合競價是指在股票每個交易日上午9：15～9：25，由投資者按照自己能接受的心理價格自由買賣申請。集合競價的撮合原則見圖2-24。

當天9：25之後，可以看到各股票集合競價的成交價格和數量。由於集合競價是按照最大成交量的價格成交，因此對散戶投資者來說，只要在集合競價時間輸入的買進價格高於實際成交價格，或賣出價格低於實際成交價格，就可以成交。

如果按照漲停價買或跌停價賣，則保證優先成交。所以，散戶如果希望

圖2-24　　集合競價的撮合原則

高於集合競價產生的價格，其買進申報全部成交

所謂集合競價，是在當天還沒開盤之前，投資者可以根據前一天的收盤和預測當日股市，來輸入交易價格。在集合競價時間裡輸入電腦主機的所有訂單，按照價格優先和時間優先原則，計算出最大成交量的價格，這個價格被稱為集合競價的成交價格，而這個過程被稱為集合競價。

等於集合競價產生的買進和賣出申報，根據買進申報量和賣出申報量的多少，按照少的一方的申報量成交

低於集合競價產生的價格，其賣出申報全部成交

在集合競價時優先買到股票，通常可以把價格訂得高一些以獲得優先成交權，因為你的成交價是較低的集合競價。此外，散戶買進的數量不會很大，一般不會對該股的集合競價價格產生影響。

2. 開盤 5 分鐘

股市9：30開始開盤，此時一天的股票交易正式拉開序幕。在這段時間內，由於剛剛開始交易，一般情況下多空雙方的交易不是十分活躍，投資者通常是多看少參與。在這段時間內，儘管交易人數不多，但通常交易的主力資金雄厚，因此價格波動的範圍相當大。尤其是股價在開盤後5分鐘內的分時走勢，往往決定股價當日的主要基調。

根據漲跌情況和股價所處位置，開盤5分鐘的盤面分析意義也不同。

（1）**漲跌情況**：根據開盤5分鐘內的股價漲跌趨勢不同，可以分為第86頁圖2-25中的2種情況。

（2）**股價所處位置**：根據股價位置，開盤5分鐘之內的盤面分析有2種情況，如第86頁圖2-26所示。

圖2-25 開盤 5 分鐘內的股價漲跌趨勢分析

開盤 5 分鐘上漲

如果股價在開盤 5 分鐘內上漲超過3%，代表當日股價走勢較強勁，尤其是開高之後迅速走高，意味該股要衝擊漲停

開盤 5 分鐘下跌

如果股價在開盤 5 分鐘內下跌超過5%，代表當日股價走勢較疲弱，尤其是開低之後迅速走低，意味該股有可能跌停

圖2-26 開盤 5 分鐘內，根據股價所處位置的趨勢分析

股價位於低位
- 開盤 5 分鐘內開高後下跌，可能是主力故意打壓建立部位
- 開盤 5 分鐘內開高後上漲，說明股價將大漲
- 開盤 5 分鐘內開低後下跌，可能迎來一波下跌行情
- 開盤 5 分鐘內開低後上漲，主力可能利用集合競價打壓散戶，此時值得進場

股價位於高位
- 開盤 5 分鐘內開高後下跌，可能是主力在高位出貨
- 開盤 5 分鐘內開高後上漲，說明主力會繼續拉高股價
- 開盤 5 分鐘內開低後下跌，散戶要謹慎持股
- 開盤 5 分鐘內開低後上漲，股價可能繼續上漲

專家提醒

由於主力擁有的資金十分雄厚，因此在開盤後數分鐘內，通常會快速打壓或拉升某檔股票，欺騙投資者買進或賣出。投資者如果能夠做到冷靜旁觀，就可以規避很大的風險。

> 圖2-27 開盤半小時的時段分析

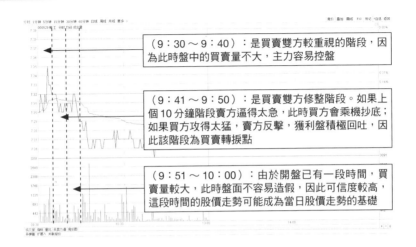

（9：30～9：40）：是買賣雙方較重視的階段，因為此時盤中的買賣量不大，主力容易控盤

（9：41～9：50）：是買賣雙方修整階段。如果上個10分鐘階段賣方逼得太急，此時買方會乘機抄底；如果買方攻得太猛，賣方反擊，獲利盤積極回吐，因此該階段為買賣轉捩點

（9：51～10：00）：由於開盤已有一段時間，買賣量較大，此時盤面不容易造假，因此可信度較高，這段時間的股價走勢可能成為當日股價走勢的基礎

3. 開盤半小時

　　每個交易日的開盤半個小時之內，是買賣雙方交戰最激烈的階段，彼此會用一些手段來達到自己的目的。因此，分析開盤30分鐘的股價走勢，對股價走勢的研判有著十分重要的意義。按照間隔10分鐘的時間劃分，開盤半小時可以分為3個階段，如圖2-27所示。

　　（**1**）**9：30～9：40**：此時是多空雙方極為關注，也是投資者最該留心的時段。這10分鐘之所以重要，是因為此時參與交易的投資者為數不多，盤中買賣量都不是很大，因此用不大的資金量就能達到目的，即花錢少、效益大。分析開盤第一個10分鐘的市場表現，能夠正確判斷市場走勢的強弱。

　　‧**強勢市場**：多方為了充分吸籌，開盤後會迫不及待買進，而空方為了完成出貨，也會故意拉高，於是造成開盤後的急速衝高。

　　‧**弱勢市場**：多方為了吃到便宜貨，會在開盤時立即向下打壓，而空頭也會不顧一切地拋售，造成開盤後的急速下跌。

　　（**2**）**9：41～9：50**：經過第一個10分鐘的搏殺，多空雙方會在開盤後第二個10分鐘進入修整階段。這段時間是投資者買進或賣出的轉捩點，一般會修正原有趨勢。

表2-7　　中盤的看盤要點

中盤時段	重要時段	看盤要點
10：00～11：30	10:30 時間點	10：30 是臨時停牌一個小時的個股復牌時間，強勢股借助此時進行洗盤，並在次日拉高，而消息股、題材股往往借助此時出貨。因此，10：30 是市場在整個交易日中的重要轉捩點，也是投資者入市的重要時機和觀察點
	11：15 ～ 11:30 時段	消息股、題材股一般在午盤收盤前啟動，特別是 11：15 ～ 11：30 時段，所以投資者要密切關注此時的盤面動向。11：15 ～ 11：30 是 15 分鐘的休整時間，因為在這段時間，股價受到前一天的影響會逐漸淡化，市場中的情緒也會趨於穩定。投資者可以透過這 15 分鐘的休整，更理性交易並認真分析盤面變化
13：00～14:30	13：00 ～ 14:00 時段	經過中午的休息，主力更確定該股當日的主要基調。只要大盤走勢平穩，個股就會隨著這個主要基調變化。而且，某些將在 14：00 後出現異動的個股，為了讓尾盤大幅漲升，在此階段開始活躍
	14：00 ～ 14:30 時段	一般在 14：00 ～ 14：30 時段，大盤指數、個股股價最容易出現當日的最高點或最低點。因此，此時段是當日買賣的最佳時段，投資者可以在這個時段逢低買進或逢高賣出

・如果空方逼得太緊，多方會組織反擊，抄底盤大舉買進。

・如果多方攻得太猛，空方會予以反擊，獲利盤積極回吐。

（3）9：51～10：30：隨著交易者逐漸增多，多空雙方經過前面的較量，互相摸底，第三個10分鐘的買賣盤變得較實在，因此可信度較大。這段時間的走勢基本上可以成為全天走向的基礎。投資者應充分關注這段時間量價的變化，為自己的決策做好準備。

中盤的看盤要點

中盤可以劃分為10：00～11：30與13：00～14：30這兩個時段，見表2-7。

以下舉例說明中盤的看盤要點。圖2-28是力合股份在2016年9月27日的分時走勢圖，可以看出該股當日早盤被大幅拉升，盤中回落至均價線之下，後市股價大幅震盪，拉高收盤，投資者可以在股價回落處買進。

圖2-28　力合股份（000532）分時圖在盤中出現買進點

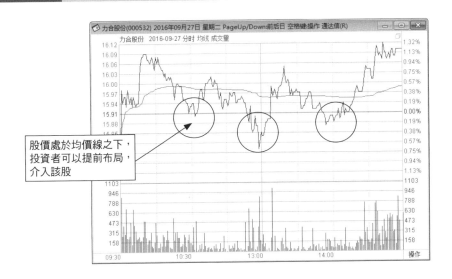

圖2-29　力合股份（000532）K線走勢圖

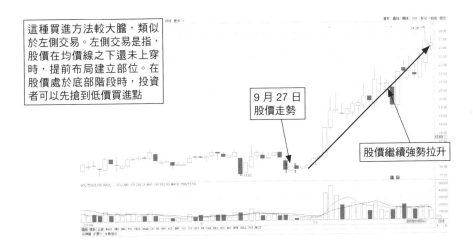

　　圖2-29是力合股份的K線走勢圖，可以看到股價從15.63元開始緩慢拉升，9月27日分時線中出現買進點，投資者可以在此上漲階段逢低買進，而後市股價繼續拉升，可望獲利豐厚。

尾盤的 2 個看盤要點

在一個完整的交易日內，早上的開盤是一天的序幕，盤中的波動是博弈的過程，尾市的收盤是當日股價的定論。尾盤中，股價的盤面表現具有承上啟下、趨利避害的功用，可以幫助投資者為下一個交易日的操作，尋找部分決策依據。

尾盤的重要性在於，它是一種承先啟後的特殊位置，既能回顧前市，又可預測後市，可見其在操作中的地位非同小可。因此尾盤效應需要投資者格外重視，不論機構或散戶都應密切關注尾盤的一舉一動。在分析尾盤時，散戶應該注意一些特定技巧，才能事半功倍。

1. 尾盤休整

尾盤休整是指股價在尾盤有小幅拉升或回落，這常常是主力刻意的行為導致。尤其是盤面在最後一刻突然出現較大的單子，使股價大幅上漲或下跌，這都是主力在刻意製造收盤價，使當天股價按照他們的意圖形成一定的K線形態。

在尾盤休整階段，散戶應對主力的行為心中有數，這種休整性的尾盤並無多大的意義。投資者切記不要被主力的手段迷惑，而過早買進股票。

圖2-30是中天城投2016年5月24日的分時走勢圖，可以看到股價在收盤前10分鐘內突然快速拉升。這是主力用一筆大單買進，向上拉升股價造成的結果，屬於尾盤休整。投資者不必理會這種突然的拉升。

2. 尾盤效應

尾盤效應是指股價在尾盤大幅上漲或下跌，對後幾個交易日可能造成嚴重的影響。以下舉例說明尾盤效應的盤面分析。

STEP 1 第92頁圖2-31是*ST亞星2015年1月21日的分時走勢圖。從圖中可以看到，該股早盤小幅上漲，之後長時間橫盤整理。到了尾盤，股價大幅拉升，成交量放大。

STEP 2 第92頁圖2-32是*ST亞星的K線走勢圖。從圖中可以看出，該股前期經歷長時間的橫盤整理，1月21日出現後勢拉升的尾盤效應，可

圖2-30　　中天城投（000540）分時圖中出現尾盤休整

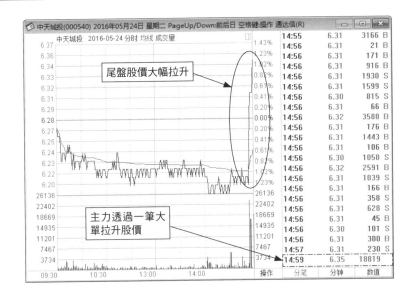

能是主力在試盤或該股突現重大利多，將股價拉升到一個新高度。
投資者若在收盤後了解到，該股的確有重大利多，且正處於上漲啟
動初期，則可以在第二日重點關注該股動向，以選擇最佳進場時
機，獲取一波上漲行情。

圖2-31　*ST 亞星（600319）分時圖中出現尾盤效應

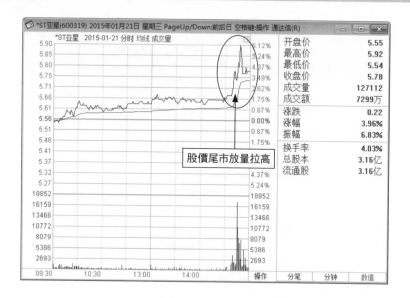

圖2-32　*ST 亞星（600319）K 線走勢圖

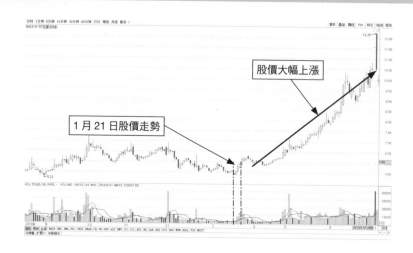

第 **3** 章

解碼「K線形態」，
捕捉短線漲跌訊號

3-1

看漲的 6 個買點：一針錐底、紅三兵出現，還有什麼？

　　掌握K線分析方法，是每個投資者的必修課。進入股市後，最先映入眼簾的就是K線，無論是要了解過往情況，還是分析未來走勢，都可以使用K線分析盤面。

　　在實戰中，為了提高預測股價走勢的準確性，投資者可以根據多根K線形成的組合形態來判斷。

買點1：出現一針錐底形態，可短線獲利

　　一針錐底形態一般出現在行情底部。該形態為一根「長下影、小實體」的K線，見圖3-1。

　　以下舉例分析一針錐底形態的買進訊號。

圖3-1　一針錐底形態示意圖

> 這個形態表示股價下檔支撐強烈，買盤踴躍，短線獲利可靠，是買進訊號

圖3-2　星宇股份（601799）K線圖（1）

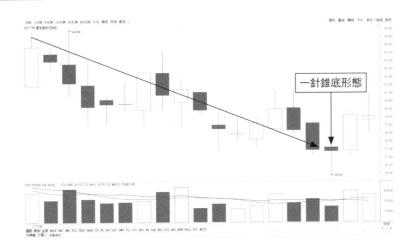

　　圖3-2是星宇股份2016年5月的K線圖。從圖中可以看到，股價經歷一波短期下跌回檔行情，在階段性底部形成一個一針錐底形態。這是明顯的買進訊號，若此時進場，短線獲利可靠。

　　見第96頁圖3-3，一針錐底形態中的長下影線，顯示該股的低檔承接能力強，股價跌到這個價位後，會招來多頭的搶購，推動股價上漲。

買點2：看到雙管齊下形態，有機會反彈上漲

　　雙管齊下形態是指，2根連續（或相隔不遠）的K線都帶有較長的下影線，而且這2根K線的最低價位置一致或者非常接近，見第96頁圖3-4。

　　當雙管齊下形態出現在階段性低位時，是較常見的底部反轉形態，表示股價已經2次探底或離底部不遠，在底部受到較強的支撐力，是多方力量開始轉強的訊號，預示即將出現一波反彈上漲走勢。

　　以下舉例分析雙管齊下形態的買進訊號。第97頁圖3-5是光電股份2015年12月至2016年2月的K線走勢圖，可以看到該股在大幅下跌後的低點，出現一根帶長下影線的K線，向下試探市場支撐的力道，第2天又收出一根同樣帶

圖3-3	星宇股份（601799）K線圖（2）

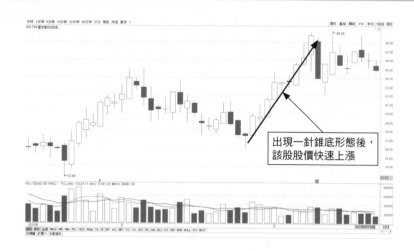

出現一針錐底形態後，
該股股價快速上漲

圖3-4	雙管齊下形態示意圖

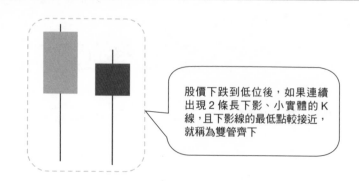

股價下跌到低位後，如果連續
出現 2 條長下影、小實體的 K
線，且下影線的最低點較接近，
就稱為雙管齊下

長下影線的K線，形成雙管齊下形態。這表示空頭已失去抵抗力，多頭逐漸掌握主導權，將展開一定幅度的拉升行情。

圖3-6是重慶啤酒2016年7月至9月的K線走勢圖。從圖中可以看到，該股在階段性底部出現一個變化的雙管齊下形態，短線投資者可以開始建立部位，中長線也可以介入，後市獲利通常較可靠。

需要注意的是，如果出現雙管齊下形態後，多方沒有繼續反攻，股價反

圖3-5	光電股份（600184）K線圖

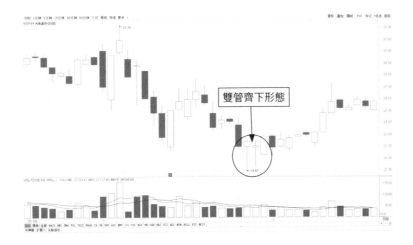

圖3-6	重慶啤酒（600132）K線圖

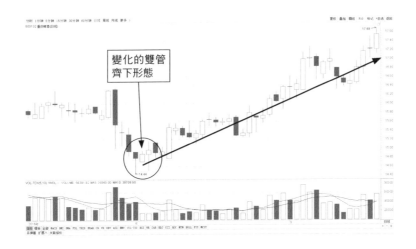

而出現震盪下跌的趨勢，表示雙管齊下形態失敗，如第98頁圖3-7所示。此時投資者要觀察K線走勢，結合當時個股的基本面等資訊，再決定是否進場。一旦判斷出錯，應馬上出場。

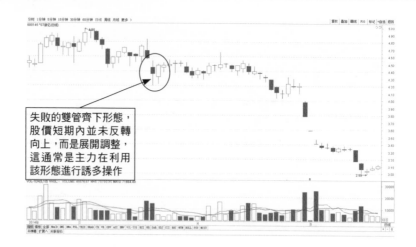

| 圖3-7 | 失敗的雙管齊下形態 |

失敗的雙管齊下形態，
股價短期內並未反轉
向上，而是展開調整，
這通常是主力在利用
該形態進行誘多操作

買點 3：出現三黃金交叉見底，是見底回升訊號

三黃金交叉見底形態是指，在K線圖中同時出現均線、均量線與MACD的黃金交叉，是股價觸底回升的重要訊號。

（1）均線黃金交叉：見圖3-8，短中期均線形成黃金交叉，說明大量釋放市場的做空能量，已開始朝有利於多頭的方向發展。

（2）均量線黃金交叉：見圖3-9，成交量小幅溫和放大，上穿5日均量線和10日均量線，隨後又出現5日均量線上穿10日均量線，形成黃金交叉。

（3）MACD黃金交叉：見第100頁圖3-10，當DIF線上穿DEA線時，這種技術形態稱作MACD黃金交叉，通常是買進訊號。

當個股出現三黃金交叉見底形態時，也就是在技術分析的「價、量、時、空」4大要素中，有3個發出買進訊號，則是多方力量開始占據優勢的強烈表現，為較可靠的見底買進訊號。

第100頁圖3-11是*ST新億2015年3月至11月的K線走勢圖。可以看到該股股價前期連續跳空跌停，見底後開始進入底部震盪走勢，隨著主力逐漸建

圖3-8 「均線」黃金交叉

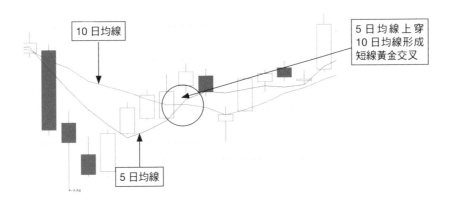

圖3-9 「均量線」黃金交叉

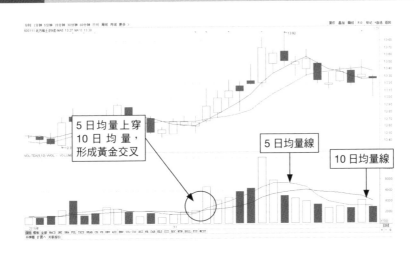

立部位，股價開始回升。剛開始股價上漲速度緩慢，當成交量突然放大推動股價上漲時，5日均線、10日均線、5日均量線、10日均量線及MACD自然地出現黃金交叉，形成三黃金交叉見底形態，這是強烈的底部訊號。**在實際操作中，出現此形態是投資者短線買進的時機。**

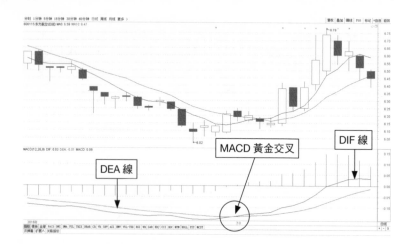

圖3-10　MACD 黃金交叉

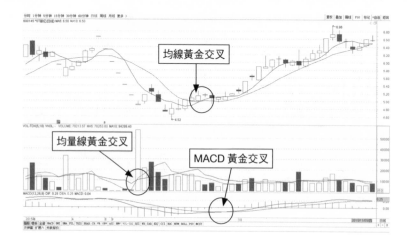

圖3-11　*ST 新億（600145）K 線圖

專家提醒

　　三黃金交叉見底形態不要求 5 日均線、10 日均線、均量線及 MACD 同時或同一天出現黃金交叉，只要在相近時間內發生，該形態都有效。

圖3-12	曙光初現形態示意圖

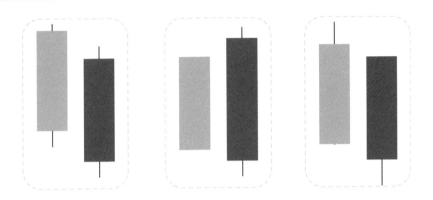

買點4：我用曙光初現形態，預測反彈回升的力道

曙光初現形態通常出現在下跌行情中，是一個見底回升的訊號。

在下跌過程中，首先出現一根大陰線。隔日跳空開低收出大陽線，且實體上穿上個交易日的大陰線實體1/2以上的位置，這就是曙光初現形態，見圖3-12。

在個股下跌行情中出現曙光初現形態時，如果跳空開低的陽線實體與陰線實體1/2以上的位置重疊越多，說明行情見底反彈的力道越大。

以下舉例分析曙光初現形態的買進訊號。

第102頁圖3-13是華升股份2015年10月至2016年2月的K線圖，1月28日股價以7.01元跳空開低收大陰線。

見第102頁圖3-14，1月29日股價開低收大陽線，其收盤價高於28日實體的1/2，形成曙光初現形態。隨後股價逐步攀升，雖然運行到某個高位後回落，但最終都在均線位置獲得支撐後繼續攀升。

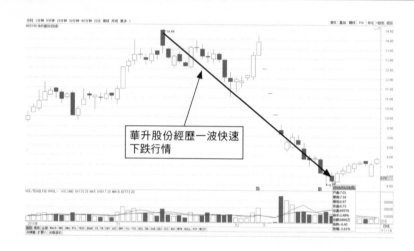

圖3-13　華升股份（600156）K線圖（1）

華升股份經歷一波快速下跌行情

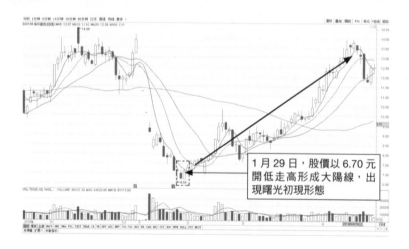

圖3-14　華升股份（600156）K線圖（2）

1月29日，股價以6.70元開低走高形成大陽線，出現曙光初現形態

買點5：紅三兵形態在不同行情中，有不同意義

紅三兵形態又稱三個白武士或前進三兵。在股價上漲過程中，連續出現

圖3-15	紅三兵形態示意圖

圖3-16	在不同位置出現紅三兵形態的意義

在下跌行情底部	這是非常明顯的見底回升訊號。這種上漲走勢非常可靠，短線投資者可以在股價突破壓力線初期擇機介入
在上漲行情途中	暗示多空雙方的實力在逐漸累積，當股價突破壓力線後，會產生質變，表現在K線圖上是後市快速拉升，此時該形態是投資者介入的好時機
在行情高位區	在股價大幅上漲的高位整理走勢中出現這個形態，可能是主力的誘多陷阱，投資者應慎重對待，以免被嚴重套牢

依次上升的3根陽線，意味著多方力量剛起步，隨著力量不斷釋放，將形成真正的上漲。圖3-15是常見的紅三兵形態，在不同的個股行情中，紅三兵形態的意義也不同，其具體含意見圖3-16。

第104頁圖3-17是天壇生物2015年12月至2016年4月的K線圖，股價經歷一波下跌，產生見底訊號，之後進入橫盤震盪走勢。接著見圖3-18，在底部整理階段，股價形成紅三兵組合形態，連續出現節節上升的陽線拉升股價，後市行情看漲，投資者可以適時進場。在下跌行情的底部出現紅三兵形態，

圖3-17　　天壇生物（600161）K線圖（1）

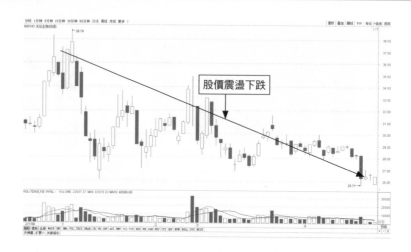

圖3-18　　天壇生物（600161）K線圖（2）

是非常明顯的觸底回升訊號。這種上漲態勢非常可靠，投資者可以在股價突破壓力線初期進入，獲取短期的豐厚利潤。

圖3-19	天壇生物（600161）K線圖（3）

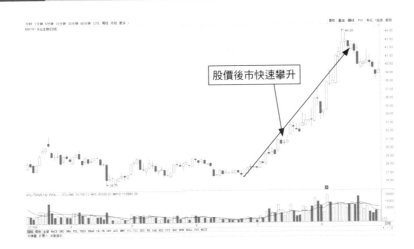

從整體行情來看，股價走出一波可觀的上漲行情，見圖3-19。從最低點開始，投資者在紅三兵形態後介入，獲利不小。

(S) 買點6：我用希望之星形態，預測下跌行情會反轉

希望之星形態一般出現在行情底部，也稱為早晨之星。在股價下跌的過程中出現一根陰線（見第106頁圖3-20），隔日股價跳空開低以小陽線、小陰線或十字線報收，第3日以陽線報收，股價在開盤後從底部一直上升到第一天的陰線內部，形成希望之星形態。

出現希望之星形態，表示個股大量釋放做空能力，股價無力再創新低，呈現底部回升態勢，這是較明顯的大盤轉向訊號。希望之星形態像是東方地平線上冉冉升起的明星。

希望之星形態也可以出現在上升過程的階段性回檔走勢底部，且第1日的大陰線和第3日的大陽線實體部分重疊越多越有意義。不過，在盤整走勢中，希望之星形態通常不具備操作意義。

希望之星形態出現前的股價跌幅越大，後市的看漲訊號越強烈。需要注

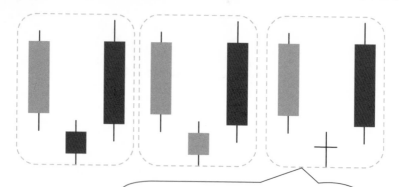

圖3-20　希望之星形態示意圖

如果第2根K線是十字線，並伴隨長長的下影線，是希望之星形態的特例，稱為「希望十字星」。在下跌行情出現該形態，投資者可以考慮買進

意的是，**希望之星形態只能判斷下跌行情會反轉，是逢低進場的機會，但不能確保股價反轉後立即大幅上漲**。因此，在實際操作中，**投資者不能單憑早晨之星，就認為該形態為買進訊號**，最好再結合其他技術指標。

　　圖3-21是美都能源2016年3月至5月的K線圖，股價經歷一波下跌行情，產生雙管齊下見底訊號，該形態之後收出一根跳空開低走低的小陰線。出現雙管齊下訊號後，積極的投資者可以適度參與，但考慮到股價處在下跌趨勢中，穩健的投資者需等待更明確的進場訊號。

　　下一個交易日股價跳空開高，最終以3.93%的漲幅陽線作收，與前2日的K線形成一個希望之星形態，如圖3-22所示。希望之星是重要的見底訊號，能幫助投資者分辨真正的底部。

　　見第108頁圖3-23，由此可以判斷該股後市將出現上漲，因此投資者應逢低買進該股，持股待漲。

圖3-21 美都能源（600175）K線圖（1）

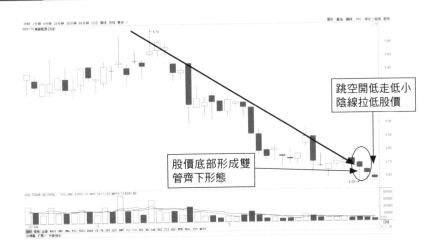

跳空開低走低小
陰線拉低股價

股價底部形成雙
管齊下形態

圖3-22 美都能源（600175）K線圖（2）

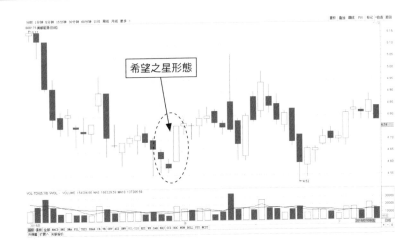

希望之星形態

圖3-23 美都能源（600175）K線圖（3）

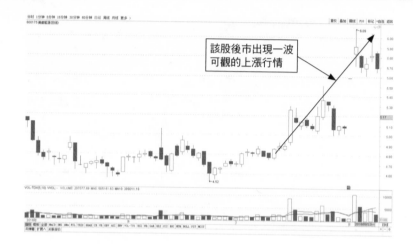

該股後市出現一波
可觀的上漲行情

3-2

看跌的 8 個賣點：烏雲蓋頂、CR 高位扭成團形成……

　　股市中有句俗語：「下跌容易，上漲難。」從個股的K線走勢中很容易看出這點，如圖3-24所示。因此，為了鎖定自己的獲利，避免下跌行情帶來的損失，投資者必須熟悉各種看跌K線組合形態。

賣點 1：上漲末期出現黃昏之星，應做好出場準備

　　黃昏之星組合形態（見第110頁圖3-25）一般由3根K線組成，第一根為陽線，第二根為實體很短的小陽線、小陰線或十字線，且第二根K線的實體

圖3-24　　展現「下跌容易，上漲難」的盤面

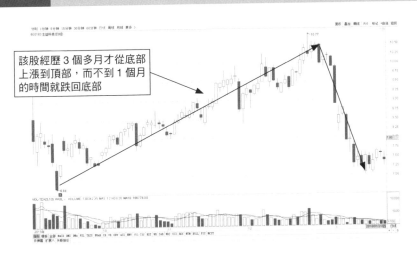

該股經歷 3 個多月才從底部上漲到頂部，而不到 1 個月的時間就跌回底部

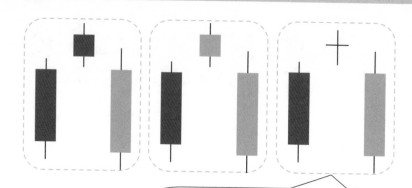

圖3-25　黃昏之星形態示意圖

> 黃昏十字星是黃昏之星的特殊形態，第 2 根 K
> 線為跳空開高收出的十字星，表示股價很可能
> 階段性見頂，投資者最好賣出回避風險

分別高於第一根大陽線和第三根大陰線的實體，最後一根為陰線，它的實體
深入到第一根陽線的實體內。

　　黃昏之星形態與希望之星形態的功用相反，它是股價見頂回落的反轉訊
號。在黃昏之星形態中，與第一根K線相比，如果第三根K線的收盤價接近
或低於第一根陽線的開盤價，其後市看跌的訊號就強。因此，在個股K線圖
中產生黃昏之星形態後，投資者不宜繼續做多，而應及時減少部位，隨時做
好出場的準備。以下舉例分析黃昏之星形態的賣出訊號。

　　圖3-26是古越龍山2014年12月至2015年6月的K線圖，從圖中可以看
到，股價經歷一波強勢上漲。

　　見圖3-27，2015年6月15日股價以20.38元的價格跳空開高，當日最高上
衝到21.30元，但最終以20.09元的價格收出小陰線，隔日股價開低，最終收
出大陰線拉低股價，形成黃昏之星形態。因此，大幅上漲末期出現黃昏之
星，投資者應立即出場。

　　見第112頁圖3-28，形成黃昏之星形態後，股價繼續下跌，在不到一個
月的時間，從最高的21.30元跌到最低的8.64元，下跌幅度大、速度快，令人
來不及防備。

圖3-26 古越龍山（600059）K線圖（1）

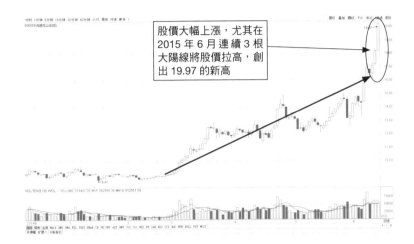

股價大幅上漲，尤其在
2015年6月連續3根
大陽線將股價拉高，創
出19.97的新高

圖3-27 古越龍山（600059）K線圖（2）

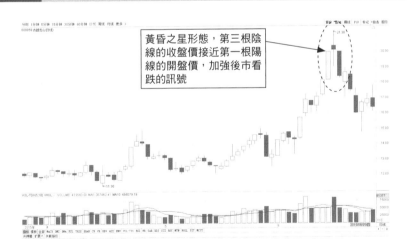

黃昏之星形態，第三根陰
線的收盤價接近第一根陽
線的開盤價，加強後市看
跌的訊號

圖3-28　古越龍山（600059）K 線圖（3）

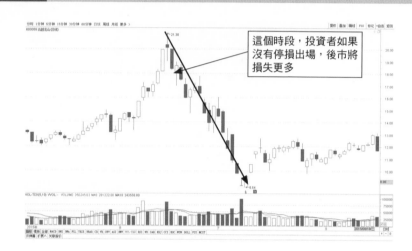

這個時段，投資者如果沒有停損出場，後市將損失更多

━━ 專家提醒 ━━

　　黃昏之星的標準形態認為，第二根 K 線必須是跳空開高，且最低價高於前一天的最高價，即與第一根陽線之間產生一個跳空缺口。但在實戰過程中，這種標準形態並不多見，因此沒有跳空缺口的「演變黃昏之星」形態也同樣值得投資者關注。

⑤ 賣點 2：出現烏雲蓋頂形態，預告行情將反轉

　　烏雲蓋頂形態（見圖3-29）是上升行情中常見的見頂回落訊號。在行情運行到高價位時出現一根大陽線，隔日股價開高收於一根陰線，且陰線的收盤價低於1/2陽線實體。以下舉例分析烏雲蓋頂形態的賣出訊號。

　　圖3-30是建發股份2015年3月至6月的K線圖。從圖中可以看到，股價經歷一波強勢上漲，並在高位區出現連續多根陽線，將股價再次拉高。

　　見第114頁圖3-31，2015年6月12日股價跳空開高走高，漲幅達10%，收出一根大陽線。隔日股價繼續跳空開高，但是上漲遭受壓力，當日以低於上

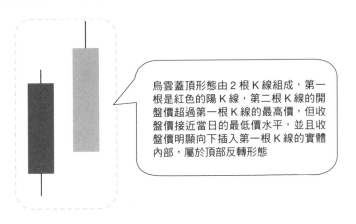

烏雲蓋頂形態由2根K線組成，第一根是紅色的陽K線，第二根K線的開盤價超過第一根K線的最高價，但收盤價接近當日的最低價水平，並且收盤價明顯向下插入第一根K線的實體內部，屬於頂部反轉形態

圖3-30　　　建發股份（600153）K線圖（1）

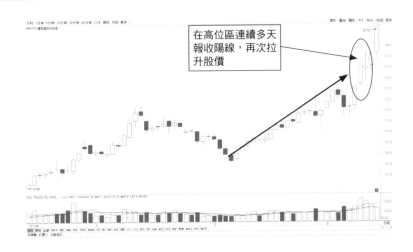

在高位區連續多天報收陽線，再次拉升股價

個交易日的收盤價陰線報收，形成烏雲蓋頂形態。

　　見第114頁圖3-32，從後市的行情可見，不到半個月的時間，該股價格從最高的27.00元跌到最低的10.56元。

圖3-31	建發股份（600153）K 線圖（2）

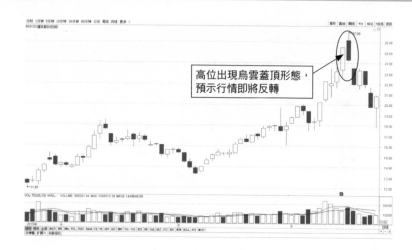

高位出現烏雲蓋頂形態，
預示行情即將反轉

圖3-32	建發股份（600153）K 線圖（3）

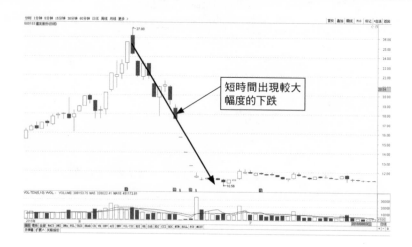

短時間出現較大
幅度的下跌

圖3-33	三峰頂天形態

賣點3：形成三峰頂天形態，後市將反轉下跌

三峰頂天形態（見圖3-33）是指股價上漲到一定高度後，連續出現3個高點大致相同的頂部，當第3個高點出現時，是強烈的最後賣出訊號。

第116頁圖3-34為東方金鈺2014年12月至2015年8月的K線圖，可以看到長時間的底部橫盤走勢結束後，股價被強勢拉升，但不久便出現頂部，再次進入高位橫盤走勢。

見第116頁圖3-35，隨後股價再次上衝，但受到空方打壓，在高位形成3個頂部，便形成三峰頂天形態，後市反轉下跌。

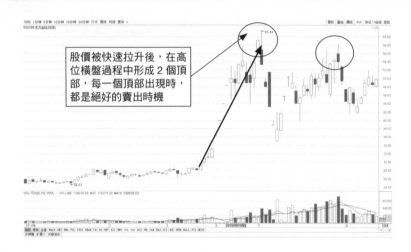

| 圖3-34 | 東方金鈺（600086）K線圖（1） |

股價被快速拉升後，在高位橫盤過程中形成2個頂部，每一個頂部出現時，都是絕好的賣出時機

| 圖3-35 | 東方金鈺（600086）K線圖（2） |

三峰頂天形態加強下跌的訊號，吞沒該股前期的漲幅

賣點4：遇到高位雙大量形態，應果斷出場

高位雙大量形態（見圖3-36）是指股價上漲到高位時，連續2天出現非常接近的巨大成交量，表示市場不看好該股後市，行情即將發生逆轉，投資者應果斷出場。

圖3-36 高位雙大量形態

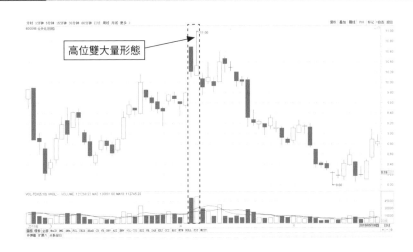

高位雙大量形態

圖3-37 高位雙大量形態的操作要點

操作要點 1	若高位雙大量形態的 2 根 K 線均為陽線，投資者可以在第二根 K 線位置處賣出；若高位雙大量形態的 2 根 K 線均為陰線，最好在第一根陰線收盤前賣出，因為天量如果對應大陰線或長箭射天等星形 K 線，代表多頭已後續乏力，後市的跌勢會更兇猛
操作要點 2	高位雙大量形態出現後，主力通常會設置誘多陷阱，導致股價小幅上漲或橫向整理，這些都是極強的反轉訊號，因此在高位連續異常放量時，應果斷賣出手中股票

　　高位雙大量形態通常是主力在高位出貨造成，它的出現預示個股前期上漲趨勢將發生逆轉，即將拉開一波下跌行情。高位雙大量形態的操作要點見圖3-37。以下舉例分析高位雙大量形態的賣出訊號。

　　第118頁圖3-38是天成控股2015年9月至11月的K線圖，可以看到股價經歷一波大幅上漲行情，11月26日放量跳空開高走高，以漲幅5.27%的大陽線報收。如圖3-39所示，隔日再次收出一根放量跳空開高走高的大陽線，形成高位雙大量形態，股價反轉下跌，短期跌幅達57%。

圖3-38　　天成控股（600112）K線圖（1）

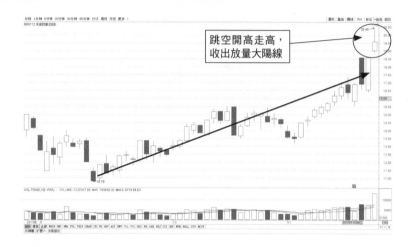

跳空開高走高，
收出放量大陽線

圖3-39　　天成控股（600112）K線圖（2）

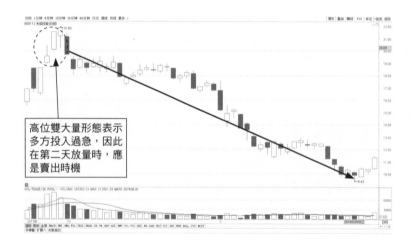

高位雙大量形態表示
多方投入過急，因此
在第二天放量時，應
是賣出時機

賣出 5：出現兄弟剃平頭形態，是強烈的賣出訊號

　　兄弟剃平頭形態（見圖3-40）是指股價經過持續上漲後，接連在高位出現2根平頂的K線組合。這顯示階段性頂部到來，是強烈的賣出訊號。

　　圖3-41是澄星股份2014年12月至2015年6月的K線圖。從圖中可以看

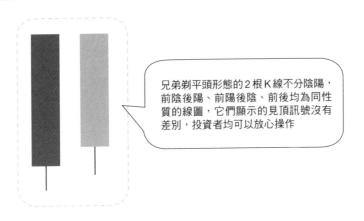

圖3-40　兄弟剃平頭形態示意圖

兄弟剃平頭形態的2根K線不分陰陽，前陰後陽、前陽後陰、前後均為同性質的線圖，它們顯示的見頂訊號沒有差別，投資者均可以放心操作

圖3-41　澄星股份（600078）K線圖（1）

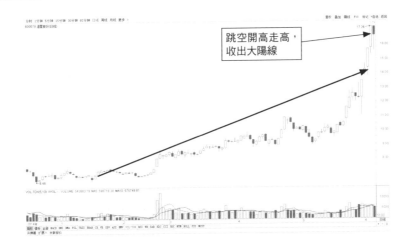

跳空開高走高，收出大陽線

到，股價經歷一波較大幅度的上漲行情，並於2015年6月3日收出一根漲幅為10.01%的大陽線，可見主力的拉升意圖十分明顯。

　　如第120頁圖3-42所示，股價上漲到高位後，出現2根最高價同值的K線，形成兄弟剃平頭形態，是非常可靠的見頂訊號。該形態形成後，股價十有八九要回檔整理，下跌的空間通常較大，投資者應賣出持股。

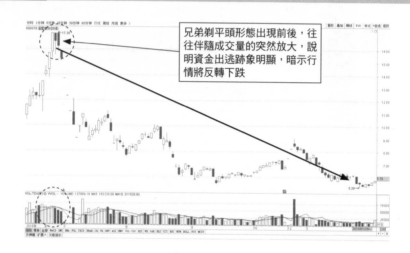

| 圖3-42 | 澄星股份（600078）K線圖（2） |

三線下山形態（見圖3-43）是指5日均線、10日均線、20日均線形成死亡交叉，然後呈現空頭排列運行，且三數值較接近。下面舉例分析三線下山形態的賣出訊號。

賣點 6：看見三線下山形態，投資者應格外謹慎

三線下山形態（見圖3-43）是指5日均線、10日均線、20日均線形成死亡交叉，然後呈現空頭排列運行，且三數值較接近。下面舉例分析三線下山形態的賣出訊號。

圖3-44是同仁堂2015年9月至2016年2月的K線圖，可以看到該股在階段性高位發出三線下山訊號，資金出逃的幅度加大。投資者必須謹慎面對這類股票。

賣點 7：出現三線死同叉形態，預告股價將下跌

三線死同叉形態（見第122頁圖3-45）是指5日均線在同一天下穿10日均線、20日均線和30日均線，此為做空訊號，應賣出股票。以下舉例分析三線死同叉形態的賣出訊號。

第122頁圖3-46是吉林化纖2016年1月至5月的K線圖。從圖中可以看到，該股前期始終保持震盪上漲的趨勢，直到2016年3月30日，5日均線同時

圖3-43　三線下山形態

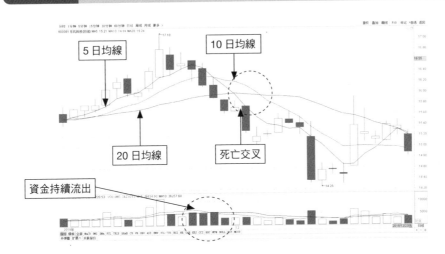

圖3-44　同仁堂（600085）K線圖

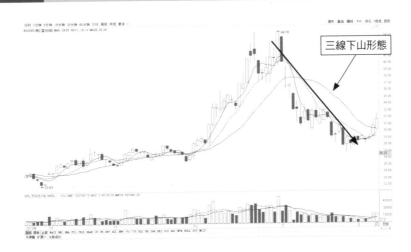

下穿10日均線、20日均線和30日均線，形成三線死同叉形態，隨後股價開始
急劇下跌。

圖3-45 三線死同叉形態

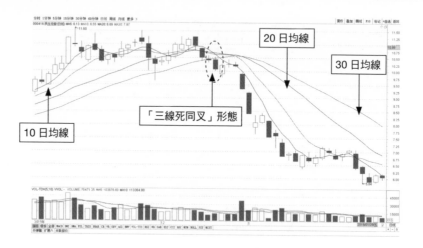

圖3-46 吉林化纖（000420）K 線圖

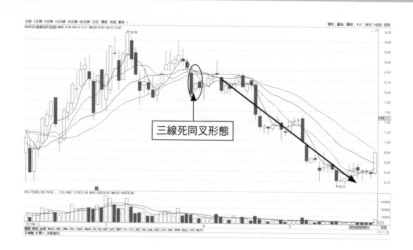

專家提醒

三線死同叉形態的操作原則如下：

（1）在上升行情末期出現此形態時，下跌空間較大；在整理行情的波段頂部出現時，是短線高賣低買做差價的好機會，不過新手需要更加謹慎。

（2）4條均線必須靠得較近，並且扭在一起，三線死同叉形態才成立，且靠得越近越有效。

賣點8：CR高位扭成團形成後，賣出訊號極強

CR指標的中文名稱是價格動量指標，又可以稱為能量指標、帶狀能量線、中間意願指標，是分析股市多空雙方力量對比、把握買賣時機的中長期技術分析工具。

CR指標由CR線和MA1、MA2、MA3、MA4線組成（見第124頁圖3-47），可以反映出股價的壓力帶和支撐帶。

如第124頁圖3-48所示，當CR線和MA1、MA2、MA3、MA4平均線在高位纏繞在一起時，即形成CR高位扭成團形態，此時賣出訊號極強，表明做多謹慎。以下介紹CR指標的操作策略：

‧若CR線運行到400之上，而10日平均線向下方運行，通常是較明確的賣出訊號；若CR線運行到40之下，則為明確的買進訊號。

‧CR線由高點下滑至其他4條平均線下方時，股價容易形成短期底部。

‧CR線由下往上連續突破其他4條平均線時，為強勢買點。

‧BR、AR、CR、VR這4個技術指標可以組成一個指標群，投資者搭配使用，能提高分析股價走勢的準確度。

圖3-47　　CR 指標

圖3-48　　CR 高位扭成團形態

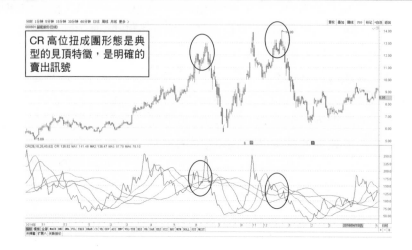

CR 高位扭成團形態是典型的見頂特徵，是明確的賣出訊號

3-3

不論牛市或熊市，怎麼發現短線套利機會賺價差？

K線圖除了記錄價格走勢之外，還可以用來發現盤中的短線套利點。

補倉套利是什麼？用圖解說明具體操作方法

補倉套利是指投資者因為判斷有誤，在高位購入個股被套牢，之後若透過K線圖判斷該股即將出現短線上漲行情，則可以繼續買進，等到股價短線上漲後，只要有獲利空間，便可將補倉的股票賣出。

利用圖3-49圖解案例，說明補倉套利的具體操作方法。

| 圖3-49 | 巧用補倉套利的操作方法 |

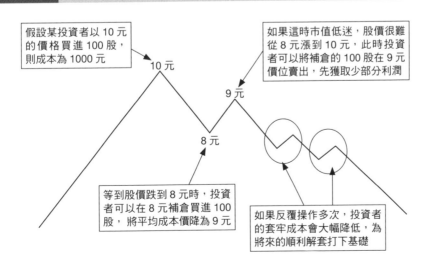

假設某投資者以 10 元的價格買進 100 股，則成本為 1000 元

如果這時市值低迷，股價很難從 8 元漲到 10 元，此時投資者可以將補倉的 100 股在 9 元價位賣出，先獲取少部分利潤

等到股價跌到 8 元時，投資者可以在 8 元補倉買進 100 股，將平均成本價降為 9 元

如果反覆操作多次，投資者的套牢成本會大幅降低，為將來的順利解套打下基礎

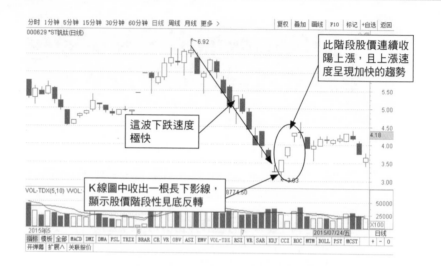

圖3-50　*ST 釩鈦（000629）走勢圖（1）

此階段股價連續收陽上漲，且上漲速度呈現加快的趨勢

這波下跌速度極快

K線圖中收出一根長下影線，顯示股價階段性見底反轉

捕捉反彈的套利契機，積極買進獲利

在股價快速下跌行情中，如果受到多方支撐，股價將出現短暫的回升行情，這種現象稱為反彈。搶反彈是指在股票回升時搶購股票的行為。短線投資者可以利用K線圖，捕捉反彈的套利契機。以下舉例說明操作技巧。

圖3-50是*ST釩鈦2015年4月至7月的走勢圖，可以看出該股前期經歷快速下跌，市場賣壓得到一定程度的緩解。在2015年7月9日，該股盤中實現扭轉，K線收出一根長下影線的陽線，之後股價止跌站穩，K線連續收陽，發出一針錐底形態買進訊號（參考第94頁），這時投資者可以果斷進場搶反彈。

如圖3-51所示，該股下跌途中形成一波反彈走勢。標識位置的一針錐底開啟反彈，因此短線投資者要積極在反彈訊號發出後買進搶反彈。

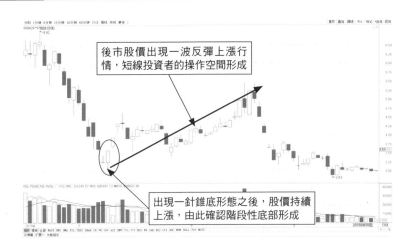

| 圖3-51 | *ST 釩鈦（000629）走勢圖（2） |

> 後市股價出現一波反彈上漲行情，短線投資者的操作空間形成

> 出現一針錐底形態之後，股價持續上漲，由此確認階段性底部形成

專家提醒

　　雖然熊市下跌聽起來十分可怕，但整體下跌走勢不會一蹶不振，通常股價在下跌過程中會伴隨出現反彈走勢。一針錐底的K線可以是陽線或陰線，尤其出現長下影線的陽線時，其反彈欲望的表現要大於陰線。總之，在股價下跌趨勢中，一針錐底形態是發掘股價反彈十分有效的訊號，投資者必須予以重視。

(S) 在主力被套自救中，發現套利的機會

　　其實，主力也會遭遇被套的困境，對於和主力一起被套的投資者來說，可以在主力被套自救中，發現短線套利的機會。當然，跟隨主力操作的個股存在更大的風險，而且操作難度也更高，投資者必須謹慎因應。

　　主力被套常用的自救方法是「低位攤平」，而且這種方法簡單又有效，前提是需要一定的資金。透過K線盤面，低位攤平的具體作法可以很明顯看出來，如第128頁圖3-52所示。

圖3-52 低位攤平

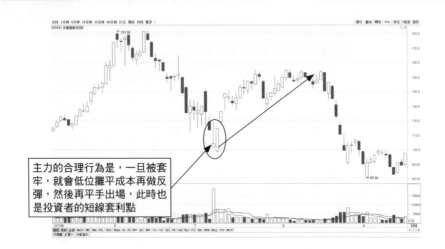

主力的合理行為是，一旦被套牢，就會低位攤平成本再做反彈，然後再平手出場，此時也是投資者的短線套利點

在套利中設置停利、停損的技巧

對於套利交易的短線投資者來說，除了必須知道基本的套利技巧之外，還應該在交易中設立停利點和停損點，才能保障資金安全，見圖3-53。

如圖3-54所示，天夏智慧在2015年12月16日上漲到28.00元，後面急劇下跌。如果投資者前期就設置停利點，及時賣出該股，還能獲取較大的利潤。如果猶豫不決，那麼後期會出現較大的損失。

小額資金短線套利的技巧

對於資金不多的中小型投資者來說，最喜歡尋找在隔日漲停或大漲的個股，並進行短線套利操作。小額資金短線套利的操作技巧非常多，這裡無法一一討論，以下分析一個案例，幫助投資者選到好股。

頂天立地形態是小額資金短線套利的強烈買進訊號。在行情底部或主力洗盤調整後出現放量大陽線，通常是大幅漲勢的盤面表現，股市中的買方情緒高漲，瘋狂湧進，而持股者看到行情大好，不願出售，形成一種供不應求

圖3-53　設置停利和停損的技巧

停損 ➡ 停損是指當投資者虧損到自己不能承受的點位時，立刻賣出。在股市中，價格波動較頻繁，因此對短線操作來說，設置停損點非常有必要。具體的方式要根據自己的風險承受能力與K線盤面進行確定。在設置停損點之後，要堅決執行，即使預測後市可能出現反轉，也應該堅決執行，不可有翻盤的心態。翻盤的心態往往是導致失敗的根源

停利 ➡ 停利和停損是相反的操作形式，當投資者的盈利達到自己想要的點位時，即可賣出。設置停利可以防止後市出現下跌，導致前期的盈利變小或消失，這也是展示股票投資不能貪婪的原則

圖3-54　天夏智慧（000662）K線圖

的局面。

第130頁圖3-55是榮豐股份2016年8月至12月的K線圖，從圖中可以看到，該股的主力資金強盛，在建立部位後便推動股價一路向上攀升。當主力實現洗盤目的後，先以早盤開低埋籌在最底部，隨後以單邊大量買進放出巨量，於10月13日收出一根大陽線，形成頂天立地形態。此時，只要市場趨勢

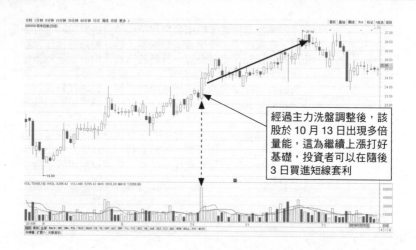

圖3-55　榮豐股份（000668）K 線圖

經過主力洗盤調整後，該股於 10 月 13 日出現多倍量能，這為繼續上漲打好基礎，投資者可以在隨後 3 日買進短線套利

沒有發生太大的改變，或是該股基本面沒有出現利空消息，那麼後市非常具有短線套利機會。

剖析「技術圖形」，
判斷股價中、長期走勢

4-1

解讀 21 個普通技術圖形的
訊號，順利買低賣高

　　第3章介紹的K線組合形態看盤方法，適用於短線投資。如果要分析股價的中長期走勢，需要借助K線技術圖形來完成。第4章將具體介紹如何使用K線技術圖形，來分析股價走勢。

　　技術圖形分析是透過K線歷史價格圖，預測股價變動趨勢的方法。技術圖形不是單一K線，而是多根K線按照特定方式形成的組合形態。在股市中，常見的普通技術圖形包括三角形、旗形、楔形、頭肩底、潛伏底、雙重頂、圓頂、V形、矩形等。本節將介紹21種普通技術圖形的看盤策略。

1、突破上升三角形的壓力線，是短期買進訊號

　　上升三角形是一個整理形態，通常出現在個股上漲趨勢中（見圖4-1）。股價每次上漲的高點基本保持水平，回落的低點卻不斷走高，將每次上漲的高點和回落的低點分別用直線連接起來，就構成一個底邊向上傾斜的三角形，即上升三角形。

　　在形成上升三角形整理形態的過程中，個股的成交量會不斷萎縮，在股價向上突破三角形的壓力線時，需要放大量，而且突破後通常會有反轉上邊線的過程，反轉後在原來高點連接處止跌回升，確認突破的有效性，但也有些強勢個股突破上邊線後不會反轉，便持續上升。

　　圖4-2是恒天海龍在2014年7月至12月的走勢圖，該股在上升途中出現一個上升三角形形態，顯示買賣雙方在該範圍內的較量，不過買方的力量已稍占上風。另外，也可能是有計劃的市場行為，部分人士有意把股價暫時壓

圖4-1	上升三角形整理形態示意圖

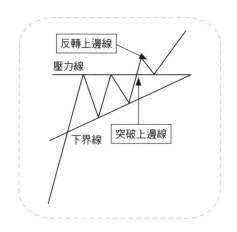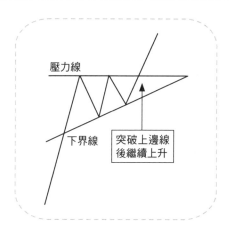

圖4-2	恒天海龍（000677）K線圖

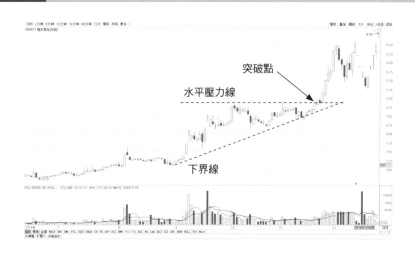

低，以達到逢低大量買進的目的。大部分的上升三角形都在上升過程中出現，且暗示有向上突破的傾向。**股價向上突破上升三角形頂部的水平上邊線壓力，並有成交量激增的配合，就是短期買進訊號。**

(專)(家)(提)(醒)

　　如果上升三角形整理形態出現在個股上升行情的初期或途中，是較好的買進訊號。但為了資金安全，投資者可以在股價突破水平壓力線後，小幅回檔再創新高時買進，以確認突破有效。如果該股整理前是強勢股，也可以在放量突破水平壓力線的同時進場做多。

(S) 2、跌破下降三角形的支撐線，後市可能繼續下跌

　　下降三角形整理形態（見圖4-3）在形成的過程中，波動幅度逐漸減小，且每次震盪的高位不斷走低，低位保持基本水平，從外觀上來看，即股價變動的上限逐漸向下傾斜，下限則呈現水平線。

　　下降三角形整理形態顯示，在整理區內，空方力量略大於多方力量。下降三角形整理形態被跌破後，可能反轉下邊線，直到反轉至下邊線位置受阻後繼續下跌，可確認為有效跌破。若跌破時力道較強，則可能不會反轉。

(專)(家)(提)(醒)

　　下降三角形整理形態的分析要點有以下 3 個：

　　（1）下降三角形一般見於整理形態。若出現在下跌行情途中，表示後市將繼續下跌。

　　（2）下降三角形的成交量通常是遞減，當股價放量跌破形態下邊線時，下跌的動能增大，有效跌破下限後仍會繼續下跌。

　　（3）在下跌行情底部，股價有效突破下降三角形的上邊線，並且有較大成交量配合時，下跌行情可能反轉，投資者可以考慮買進。

　　圖4-4為當代明城在2015年1月至2016年5月的走勢圖。從圖中可以看到，股價在觸頂回落後，進入長期的整理階段，每次反彈高點逐漸降低，回

圖4-3	下降三角形整理形態示意圖

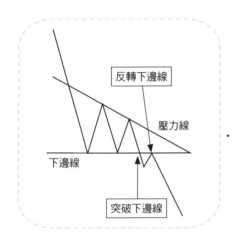

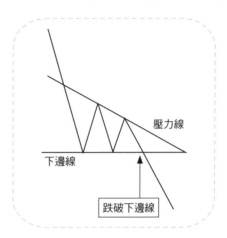

圖4-4	當代明城（600136）K線圖（1）

落低點基本保持水平，形成下降三角形整理形態。

在後市的運行情況中（見第136頁圖4-5），該股繼續走出一波急速下跌行情，在跌破水平支撐線位置沒有出場的投資者，後市將受到更大損失。

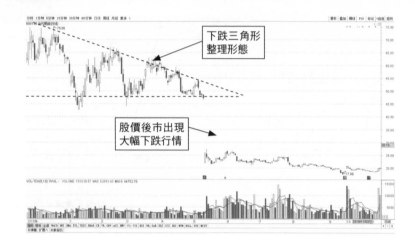

圖4-5　當代明城（600136）K 線圖（2）

下跌三角形
整理形態

股價後市出現
大幅下跌行情

專家提醒

　　在下降三角形形態內，許多投資者在未跌破水平支撐位時，會以為水平支撐是有用的強支撐，而當作是底部。其實，不應輕率地判斷它為底部，特別是大多數人都如此誤認時，更應該當心。

3、突破上升旗形上邊線，隨後將繼續前期漲勢

　　旗形整理形態是指，股價的運行軌跡如同一面掛在旗杆上的旗幟（見圖4-6）。這種形態通常出現在急速且大幅變動的行情中。

　　上升旗形整理形態（見圖4-7）通常出現在上漲行情途中，股價經過一段快速上升後出現整理，形成一個成交密集、略向下傾斜的價格波動密集區。將這個區域的高點與低點分別連接在一起，就形成略為下傾的平行四邊形。

　　第138頁圖4-8是南京高科在2014年5月至2015年3月的走勢圖。從圖中可以看到，該股在上漲行情的階段性高位開始回落下跌，整個回檔階段長達2個多月，形成明顯的上升旗形整理形態。

圖4-6	旗形整理形態

旗形整理形態

圖4-7	上升旗形整理形態示意圖

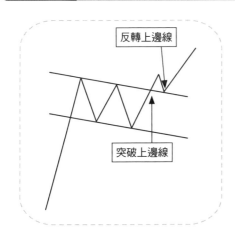

反轉上邊線

突破上邊線

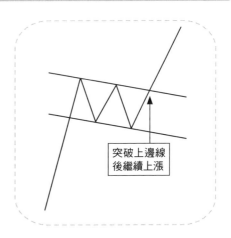

突破上邊線
後繼續上漲

　　如第138頁圖4-9所示，回檔結束後，該股連續收出多日陽線，將股價強勢拉升，向上有效突破形態的上邊線，隨後該股繼續前期的漲勢，展開一波強勢上漲的上升行情。

圖4-8 南京高科（600064）K 線圖（1）

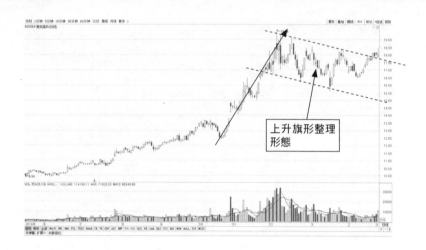

上升旗形整理形態

圖4-9 南京高科（600064）K 線圖（2）

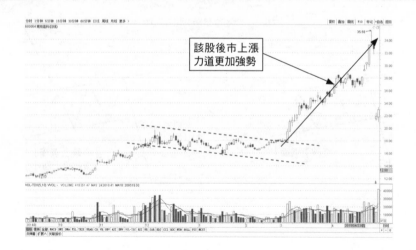

該股後市上漲力道更加強勢

圖4-10	下降旗形整理形態

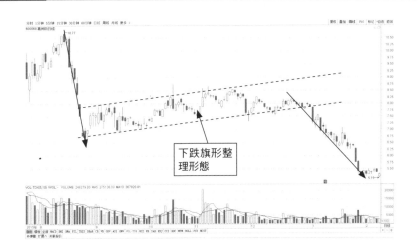

下跌旗形整理形態

4、遇到下降旗形，應在階段性反彈高點落袋為安

下降旗形整理形態（見圖4-10）與上升旗形整理形態完全相反，當股價跌破下邊線後，會延續之前的下跌行情。

下降旗形整理形態通常出現在下跌行情途中（見第140頁圖4-11）。股價經過一段下跌走勢後出現整理行情，形成一個成交密集、略向上傾斜的價格波動密集區。將其中的高點與低點分別連接在一起，便可形成一個略為上傾的平行四邊形。

第140頁圖4-12是吉林森工在2015年5月至12月的走勢圖。可以看到該股經歷一波見頂反轉行情，隨後在階段性低位開始反彈，整個反彈整理行情持續近3個月，形成明顯的下降旗形整理形態。

隨後該股向下有效跌破下降旗形整理形態的下邊線（見第141頁圖4-13），並且跌破後未出現反轉，股價繼續步入下跌行情。下降旗形整理形態通常是主力製造的誘多陷阱，此為賣出訊號，投資者可以在階段性的反彈高點落袋為安。

圖4-11	下降旗形整理形態示意圖

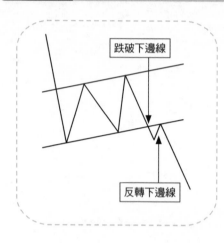

跌破下邊線

反轉下邊線

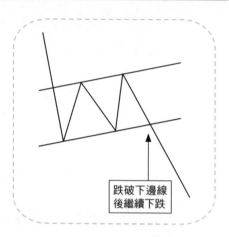

跌破下邊線後繼續下跌

圖4-12	吉林森工（600189）K 線圖（1）

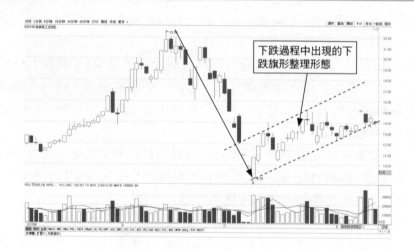

下跌過程中出現的下跌旗形整理形態

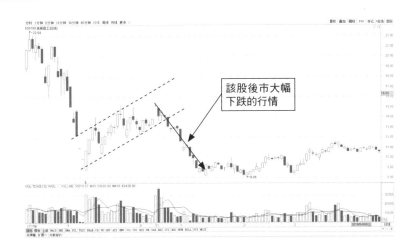

圖4-13　吉林森工（600189）K線圖（2）

該股後市大幅下跌的行情

5、看到上升楔形，投資者應果斷停損出場

楔形整理形態（如第142頁圖4-14所示）是指股價在2條收斂的直線之間變動，且直線同時向上走高或向下走低。

上升楔形整理形態通常出現在下跌行情途中（見第142頁圖4-15），由2條向上且斜率不同的直線形成，是多方力量逐漸衰弱的盤面表現，當股價有效跌破下邊線後，是賣出訊號。

第143頁圖4-16是桂冠電力在2015年4月至8月的走勢圖。從圖中可以看到，該股經歷一波大幅下跌，在階段性底部受到多方支撐，出現反彈整理行情，形成明顯的上升楔形整理形態。

在跌破上升楔形整理形態的下邊線時（如第143頁圖4-17所示），該股連續收出2根跳空開低走低的陰線，發出強烈的賣出訊號。上升楔形整理形態通常只是一次下跌後的技術性反彈而已，投資者應果斷停損出場。

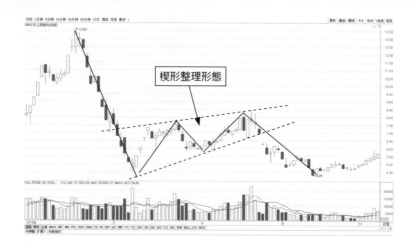

圖4-14　楔形整理形態

圖4-15　上升楔形整理形態示意圖

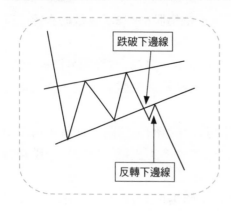

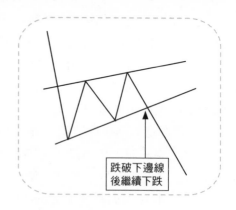

6、漲勢中出現下降楔形，後市將繼續上漲

　　下降楔形整理形態（如第144頁圖4-18所示）通常出現在上漲走勢中，由2條同時向下且斜率不同的直線組成。

圖4-16　桂冠電力（600236）K線圖（1）

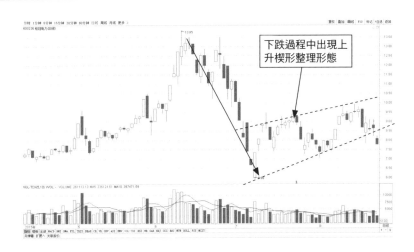

下跌過程中出現上升楔形整理形態

圖4-17　桂冠電力（600236）K線圖（2）

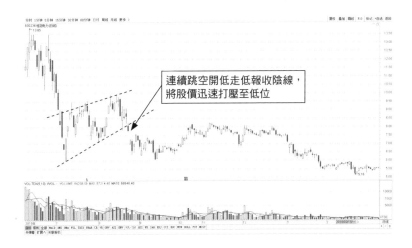

連續跳空開低走低報收陰線，將股價迅速打壓至低位

　　下降楔形整理形態表示股價上漲途中回檔無力，而且速度越來越慢，這是空方無力壓制該股的盤面表現（如第144頁圖4-19所示）。也就是說，這可能是主力洗盤造成，一旦股價突破上邊線，後市將繼續看漲。

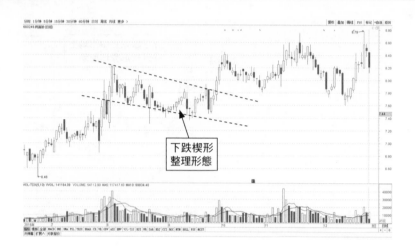

圖4-18　下降楔形整理形態

圖4-19　下降楔形整理形態示意圖

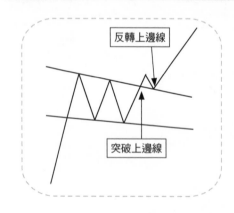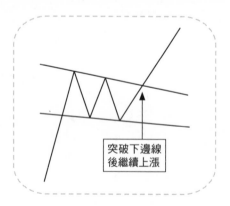

圖4-20是海正藥業在2013年6月至2014年7月的走勢圖，可以看到，該股在上升過程中經歷長時間的回檔整理走勢，形成明顯的下降楔形整理形態。

見圖4-21，隨後該股出現連續陽線報收向上突破上邊線，並且經過短暫

圖4-20　海正藥業（600267）K線圖（1）

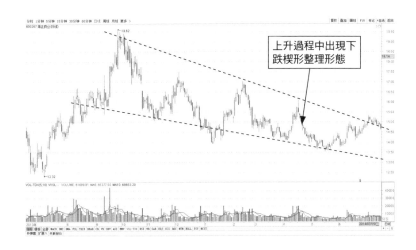

圖4-21　海正藥業（600267）K線圖（2）

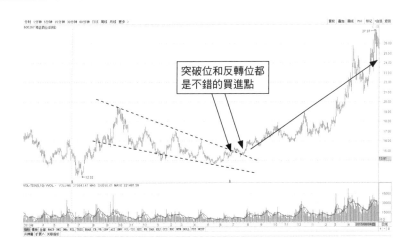

反轉後繼續向上攀升。在股價向上突破上邊線和反轉位置，都是買進的好機會，隨後該股繼續上漲，走出一波強勁的上漲行情。

圖4-22　　　擴散三角形整理形態示意圖

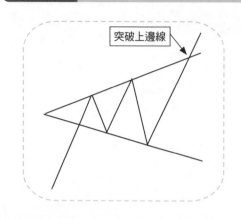
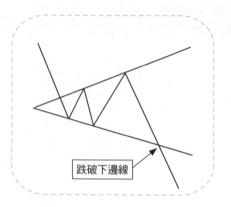

圖4-23　　　擴散三角形整理形態的操作要點

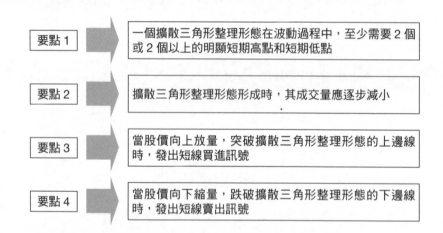

7、出現擴散三角形時，投資者應注意 4 個要點

　　擴散三角形（見圖4-22）是一種對稱三角形形態，股價在這個區間內整理時，波動幅度越來越大，而且每次震盪的高位逐漸走高，低位逐漸走低。從外觀形態來看，即股價變動上限逐漸向上擴展，股價變動下限逐漸向下擴展，形成一種擴散之勢。

　　在分析擴散三角形整理形態時，需要注意圖4-23的要點和操作策略。

圖4-24　四川路橋（600039）K線圖（1）

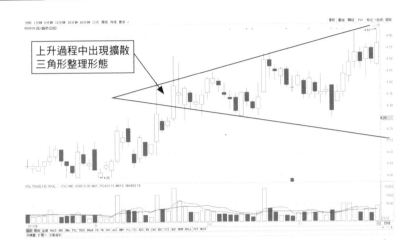

上升過程中出現擴散
三角形整理形態

圖4-25　四川路橋（600039）K線圖（2）

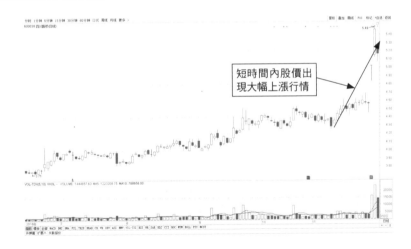

短時間內股價出
現大幅上漲行情

　　圖4-24為四川路橋在2016年8月至11月的走勢圖。從圖中可以看到，該股在上升過程中出現一個擴散三角形整理形態，而且成交量明顯減少。隨後，該股出現連續多日的陽線收尾（如圖4-25所示），且步步拉升股價。

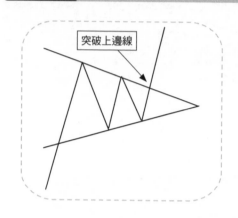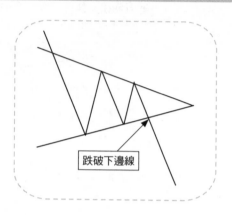

圖4-26　　收斂三角形整理形態示意圖

突破上邊線

跌破下邊線

8、遇到收斂三角形時，投資者應先觀察趨勢

收斂三角形（見圖4-26）是指股價在這個區間內整理時，波動幅度越來越小，而且每次震盪的高位逐漸走低，低位逐漸走高。從外觀形態來看，就是股價變動上限逐漸向下移動，股價變動下限逐漸向上移動，形成一種收斂之勢。

收斂三角形整理形態的操作策略與擴散三角形整理形態相似，都是中繼訊號，同時需要成交量的配合。有時候，收斂三角形整理形態在離三角形末端較遠的位置，也可以出現突破，因此投資者要注意圖4-27的要點和操作策略。

圖4-28是同方股份在2015年4月至2016年3月的走勢圖，可以看到該股在下跌途中，出現一個收斂三角形整理形態，當價格跌破三角形的下邊線時，是新一波跌勢開始的訊號。在短線操作中，可以在此位置賣出持股。

9、出現底部三角形，表示即將出現反轉走勢

底部三角形整理形態（見第150頁圖4-29）是一個直角三角形的反轉形態，通常出現在股價長期下跌的低位區。當股價多次探底時，幾乎在相同位

剖析「技術圖形」，判斷股價中、長期走勢

圖4-27　收斂三角形整理形態的操作要點

上升趨勢　➡　當股價提前向上突破收斂三角形整理形態的上邊線時，投資者要及時買進

下跌趨勢　➡　當股價提前向下跌破收斂三角形整理形態的下邊線時，很容易出現被套的情況，投資者最好不要買進

圖4-28　同方股份（600100）K線圖

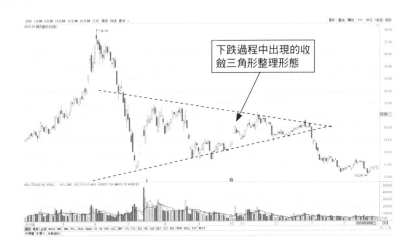

置獲得支持反彈，但每次反彈的高點不斷下移，隨著成交量放大，股價最終反彈成功，向上突破上邊線（即壓力線），開始一波新的上漲走勢。

第150頁圖4-30是新湖中寶在2010年至2014年的走勢圖。從圖中可以看到，該股在5年的時間內經歷長期的熊市行情，股價在低位區形成一個底部三角形整理形態，預示反轉走勢即將出現。

隨後，股價突破上邊線，轉頭上漲步入上升行情（見第151頁圖4-31）。投資者可以在上漲初期的調整階段，逢低買進並等待上漲。

圖4-29	底部三角形整理形態示意圖

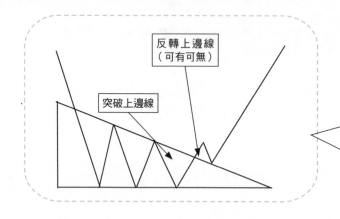

反轉上邊線
（可有可無）

突破上邊線

當股價第一次突破上邊線
時，投資者可以試探做
多。當股價反轉上邊線
時，說明壓力線已轉變為
支撐線，此時投資者可以
加碼買進

圖4-30	新湖中寶（600208）K線圖（1）

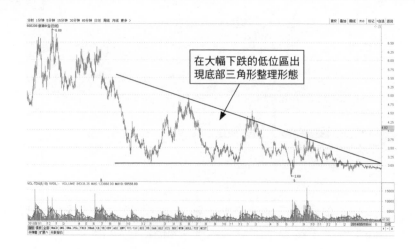

在大幅下跌的低位區出
現底部三角形整理形態

| 圖4-31 | 新湖中寶（600208）K線圖（2） |

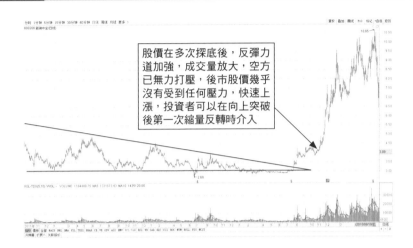

> 股價在多次探底後，反彈力道加強，成交量放大，空方已無力打壓，後市股價幾乎沒有受到任何壓力，快速上漲，投資者可以在向上突破後第一次縮量反轉時介入

─ 專家提醒 ─

　　在下跌行情底部出現下降三角形整理形態時，如果股價有效突破下降三角形的上邊線，並且有較大的成交量配合，其寓意與底部三角形整理形態類似，行情有可能反轉。投資者可以考慮適時買進。

⑤ 10、頭肩底的右肩向上突破頸線，可順勢介入

　　頭肩底是雙底形態的複合形態，一般出現在股價下跌的低位。第152頁圖4-32為標準的頭肩底反轉形態，由左肩、頭部、右肩3部分組合而成，頸線所在位置可視為整個頭肩底反轉形態的壓力位。

　　・**左肩**：股價下跌到低位後，反彈形成左肩。

　　・**頭部**：隨後反彈遇到頸線受到壓力，回落創新低後反彈形成頭部。

　　・**右肩**：股價上漲到上次反彈高位附近（即頸線位置），受到壓力回落，在第一次下跌低位附近止跌站穩，並在後市上漲突破壓力線（頸線），形成完整的頭肩底反轉形態。

圖4-32　　頭肩底反轉形態示意圖

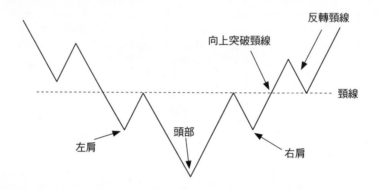

圖4-33　　頭肩底形態走勢分析（1）

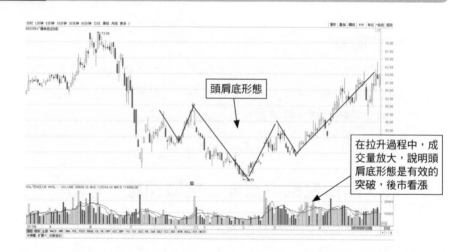

　　頭肩底反轉形態的分析要點，有以下3個：

　　（1）見圖4-33，如果股價在右肩位置向上突破頸線，或者突破後的拉升階段，伴隨成交量放大，說明後市看好，投資者可以順勢介入。

　　（2）見圖4-34，如果股價在向上突破頸線後出現短暫回檔，只要在頸線位置再次獲得支撐，並站穩回升，也是投資者買進的好時機。

　　（3）如果股價在向上突破頸線後出現短暫回檔，而且回檔的價格再次

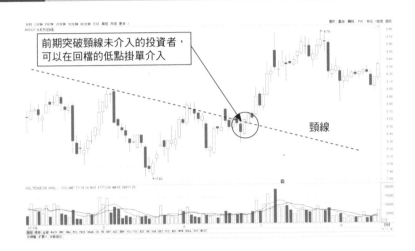

跌破頸線，跌到頭部以下的位置，則形成的頭肩底形態是無效的，不能藉此預測行情走勢。

11、出現頭肩頂形態，投資者應及時出場

　　頭肩頂也稱作三重頂，是雙頂形態的複合形態，比雙頂多一次明顯的衝頂過程。頭肩頂是在上漲行情接近尾聲時的看跌形態，圖形由左肩、頭部、右肩及頸線構成，見第154頁圖4-35。在頭肩頂形成過程中，左肩的成交量最大，頭部的成交量略小，右肩的成交量最小，呈現遞減現象。

　　成交量呈現遞減現象，代表股價上漲時的買方力量越來越弱，上升行情即將到頭。一旦出現頭肩頂形態，預示股價見頂，投資者應及時出場。

　　第154頁圖4-36是中遠航運2015年4月至2016年3月的走勢圖，股價在高位出現頭肩頂轉勢形態。從K線走勢圖中可以看到，在頭肩頂轉勢形態中，股價沒有跌破頸線位之前，頸線的位置對股價形成強力支撐，一旦股價跌破頭肩頂形態的頸線之後，往往意味著多空平衡被打破，空方開始占據優勢，單邊式下跌即將開始。投資者可以在頸線位被跌破時，及時賣出。

圖4-35 頭肩頂形態示意圖

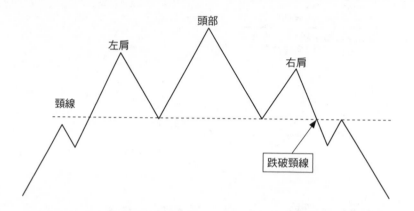

圖4-36 中遠航運（600428）K線圖

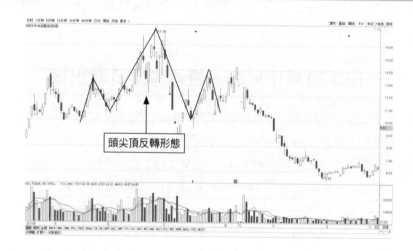

圖4-37　潛伏底反轉形態

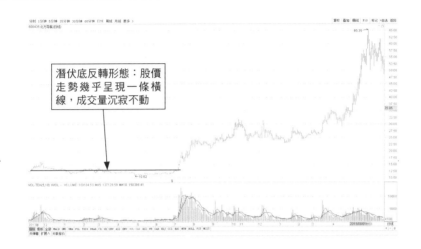

潛伏底反轉形態：股價
走勢幾乎呈現一條橫
線，成交量沉寂不動

12、看到潛伏底形態，若有利多消息可買進

　　潛伏底反轉形態（如圖4-37所示）是指股價經過大幅下跌後，長時間在底部橫向整理，此時股價的波動幅度非常小，而且成交量非常小。

　　第156頁圖4-38是杭蕭鋼構在2014年6月至2015年6月的K線走勢圖，可以看到該股在這一年的大部分時間都非常低迷，股價在狹窄的區域裡上下移動，既沒有上漲的意圖，也沒有下跌的跡象。某天該股可能受到突如其來的利多消息影響，例如：公司獲利大增、分紅前景好等，突然出現非同尋常的大量成交，股價也脫離潛伏底，大幅向上拉升。

(專家提醒)

　　潛伏底反轉形態通常出現在市場清淡時，以及股本較少的冷門股盤面中。通常，這些個股的流通量較少，而且上市公司不喜歡宣傳，投資者難以看到投資前景，因此經常被市場忽視。在這種情況下，這些個股的交易頻率非常低，出現長時間的供求平衡現象，因此形成潛伏底形態。

圖4-38	杭蕭鋼構 K 線圖

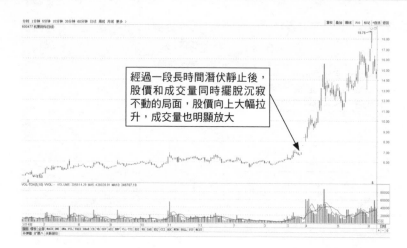

經過一段長時間潛伏靜止後，
股價和成交量同時擺脫沉寂
不動的局面，股價向上大幅拉
升，成交量也明顯放大

13、雙重頂形態是賣出訊號，應抓準時機出場

雙重頂反轉形態又稱作M形頂，是雙重底的反面形態。見圖4-39，股價連續2次上衝高點後都回落，形成2個頂部，是典型的賣出形態。若出現在股價頂部，則是明顯的賣出訊號。

圖4-40為千金藥業2015年3月至7月的K線走勢圖。從圖中可以看到，該股股價在上漲後的高位區整理一段時間後，形成一個明顯的雙重頂反轉形態。此形態預示股價即將觸頂，投資者可以趁機出場。

專家提醒

在個股盤面中，雙重頂反轉形態的 2 個頂點通常在同條水平線位置附近，2 個頂點的連線是壓力線。雙重頂反轉形態的第二個頂點通常比第一個頂點低，但也有比第一個頂點略高的少數情況發生。

在 K 線圖中出現雙重頂反轉形態後，股價通常會面臨大幅度的回檔走勢，因此出現該形態，且股價放量跌破頸線時，投資者應及時賣出持股。如果雙重頂反轉形態出現時，是投資者最後的出場機會。

圖4-39	雙重頂反轉形態示意圖

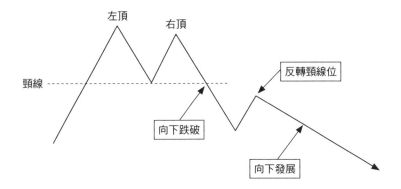

圖4-40	千金藥業（600479）K線圖

圖4-41	雙重底反轉形態示意圖

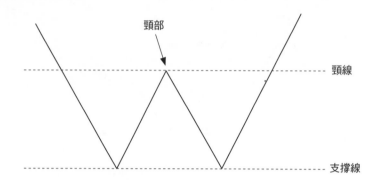

14、遇見雙重底反轉形態，後市有看漲行情

雙重底反轉形態又稱W底，一般在股價下跌低位出現的頻率較高，其走勢大致形成英文字母W形狀，是後市看漲的見底反轉形態。

雙重底反轉形態的分析要點，有以下4個：

（1）見圖4-41，雙重底反轉形態的低點通常在同條水平線，其連線是支撐線。股價第一次衝高回落後的頂點稱為頸部，當股價放量突破頸線時，行情可能觸底回升。

（2）見圖4-42，雙重底反轉形態形成之後，股價有可能出現回落的行情，最終會在頸部價格附近止跌站穩，後市看漲，投資者可以在突破回落止跌後進場。

（3）在實際操作中，存在著雙重底反轉形態2個低點之間的距離不對稱的情況（見圖4-43）。通常，左底成交量大於右底，突破頸線若伴隨放量，則上漲訊號較明確。

（4）雙重底反轉形態在底部構築的時間越長，其產生的回升效果越長。完整形態的雙重底構築時間至少需要一個月左右，時間間隔過短可能是主力設置的技術陷阱。

第160頁圖4-44是貴航股份2015年6月至2016年3月的K線走勢圖。從圖

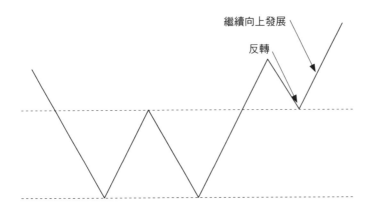

圖4-42　雙重底反轉形態形成後的回落

繼續向上發展

反轉

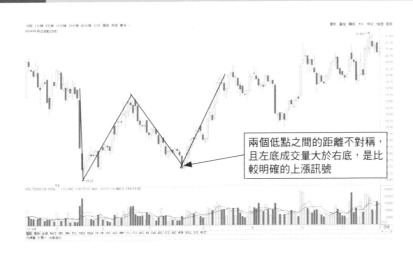

圖4-43　實際中的雙重底反轉形態，經常出現底部不對稱的情況

兩個低點之間的距離不對稱，
且左底成交量大於右底，是比
較明確的上漲訊號

中可以看到，該股在13.63元處運行到階段性低點。

　　如第160頁圖4-45所示，隨後股價止跌站穩發生反彈行情，形成雙重底反轉形態的左底。然而，反彈走勢不久後遭到空方打壓，股價再次下跌，在與左底水平的位置附近止跌回升，初步形成雙重底反轉形態。

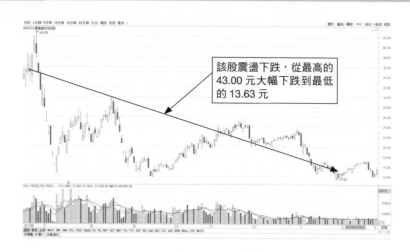

圖4-44　　貴航股份（600523）K線圖（1）

該股震盪下跌，從最高的43.00元大幅下跌到最低的13.63元

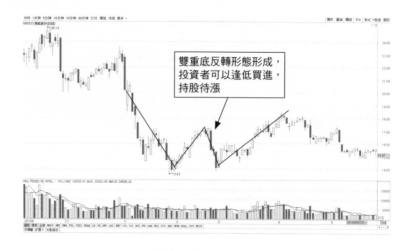

圖4-45　　貴航股份（600523）K線圖（2）

雙重底反轉形態形成，投資者可以逢低買進，持股待漲

　　見圖4-46，該股在底部形成雙重底反轉形態後，股價突破頸線逐步上升，後市展開一波上漲行情。

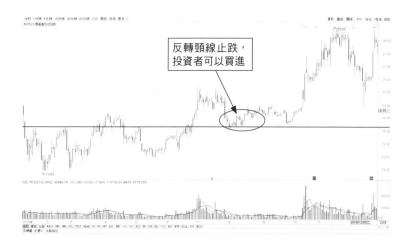

圖4-46　　貴航股份（600523）K線圖（3）

反轉頸線止跌，
投資者可以買進

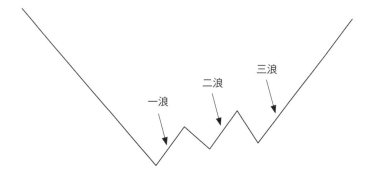

圖4-47　　上三浪反轉形態示意圖

一浪

二浪

三浪

15、出現上三浪形態，預示股價即將反轉向上

　　上三浪反轉形態是指，股價在大幅下跌後的低位區出現連續3波上漲走勢，將原本呈現空頭排列的均線形態轉變為多頭排列（見圖4-47）。這通常是場外買盤資金大幅增加的表現，預示個股即將反轉上漲。

圖4-48　法拉電子（600563）K線圖（1）

圖4-49　法拉電子（600563）K線圖（2）

圖4-50　喇叭形反轉形態示意圖

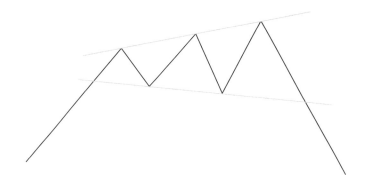

　　圖4-48是法拉電子2015年6月至10月的K線走勢圖。從圖中可以看到，該股在大幅下跌後出現一個上三浪反轉形態。這3波走勢雖然顯得較短促，但是徹底改變均線的排列形態，使均線系統由空頭排列形態轉變為多頭排列形態。

　　見圖4-49，隨後股價重心出現緩緩上移的跡象，這正是買盤資金強勁且持續流入該股的典型表現，後市進入一波較大幅度的上漲行情。

16、喇叭形是看跌形態，投資者應及時賣出停損

　　喇叭形反轉形態又稱作擴散形或增大形（見圖4-50），這種形狀可以看成是一個對稱三角形倒轉過來的結果，是三角形的變形體，大多出現在頂部，為看跌形態。

　　第164頁圖4-51為浙江東日（600113）2014年6月至2015年7月的K線走勢圖，可以看到股價在高位運行一段時間後下跌，然後再上升再下跌，上升的高點較上次高，下跌的低點較上次低，形成喇叭形反轉形態。

　　如第164頁圖4-52所示，隨後股價持續下跌，後市走出一波大幅下跌行情。因此，股價跌破形態下限時，投資者應及時賣出停損。

圖4-51	浙江東日（600113）K線圖（1）

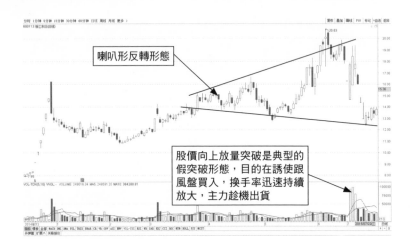

喇叭形反轉形態

股價向上放量突破是典型的假突破形態，目的在誘使跟風盤買入，換手率迅速持續放大，主力趁機出貨

圖4-52	浙江東日（600113）K線圖（2）

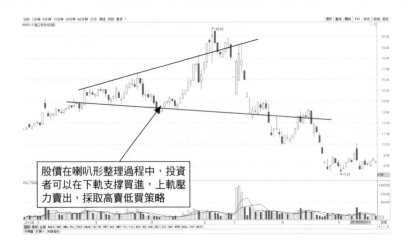

股價在喇叭形整理過程中，投資者可以在下軌支撐買進，上軌壓力賣出，採取高賣低買策略

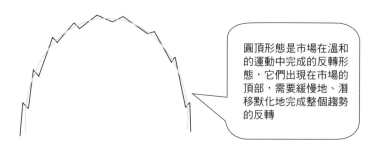

圖4-53　圓頂反轉形態示意圖

圓頂形態是市場在溫和的運動中完成的反轉形態，它們出現在市場的頂部，需要緩慢地、潛移默化地完成整個趨勢的反轉

圖4-54　圓頂反轉形態

圓頂反轉形態

17、我用圓頂形態，判斷該減少部位出局

　　圓頂反轉形態形似圓弧（見圖4-53），這種形態清晰地勾勒出多空雙方力量的轉化過程，是短線投資者在分時圖中識別趨勢反轉的重要形態。

　　圓弧頂形態大多出現在一波緩慢上漲行情之後，如圖4-54所示，空方的拋售力道逐步增強，使股價走勢呈現圓弧狀反轉。投資者要注意及時出擊，把握圓弧頂走勢中的賣點。如果前期累計漲幅較大，且在高位區的一波走勢後有明顯的滯漲傾向，股價重心開始緩緩下移，便可以減少部位出場。

圖4-55 圓底反轉形態

圓底是指呈現圓弧狀的一種底部反轉上攻形態，也稱作碗形，股價大多處於低價位區。

18、圓底形態顯示多方力量逐漸增強，後市看漲

圓底反轉形態是一種較強烈的行情逆轉訊號，通常在下跌行情底部出現，說明後市看漲。如圖4-55所示，當股價經過逐步緩慢下跌運行到低位時，又逐步緩慢拉升，形成一個圓弧底。

圖4-56是北京城建2016年4月至8月的K線走勢圖。該股在階段性底部形成一個圓底反轉形態。這可能是主力或先知先覺者進場悄悄收集籌碼，而且由於股價低廉，不斷吸引買盤使股價攀升，形成碗狀的股價走勢，表示多方力量漸趨增強，股價及成交量緩緩上升，後市看漲。

19、出現 V 形反轉形態時，投資者要注意這 5 點

V形反轉形態又稱為尖底反轉。當股價大幅下跌後，突然觸底止跌步入上漲行情，底部為尖底（如圖4-57所示），就像英文字母「V」，後市看漲。V形反轉形態的分析要點，有以下5個：

（1）在實戰操作中，V形反轉形態形成之後，股價可能會橫盤整理一段時間。這是因為空方不甘心，在做最後的掙扎，當空方完全失勢後，股價才會繼續上漲。

（2）如果投資者等V形反轉形態形成後再追進，此時股價已上漲不少，雖然獲利少一些，但風險比較小，同時可以利用上漲過程中的回檔低點進場。

圖4-56　北京城建（600266）K 線圖

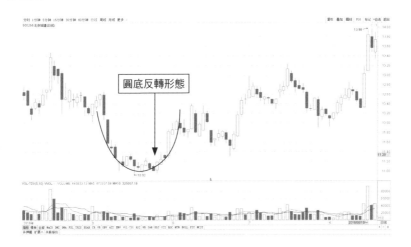

圖4-57　V 形反轉形態示意圖

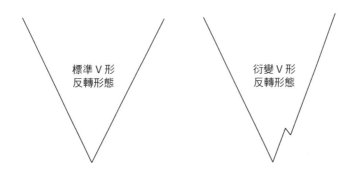

（3）當V形反轉形態形成後，股價在高於前期高點的位置橫向整理，表示主力的控盤能力非常強，後市具有很強的上漲動力。

（4）當V形反轉形態形成後，股價在前期高點的位置附近上下波動，表示向上的動力較弱，而且橫盤整理時間越長，股價上漲的動力越弱。

（5）V形反轉形態形成的過程中，在行情轉換時成交量會特別大，且反轉力道強勁，反轉後的上漲持續時間較長。

| 圖4-58 | 紅豆股份（600400）K線圖（1） |

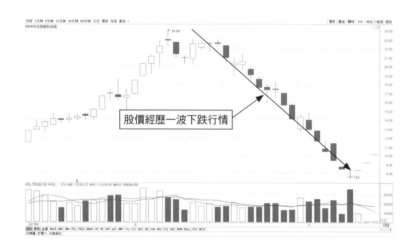

股價經歷一波下跌行情

以下舉例分析V形反轉形態的盤面。圖4-58是紅豆股份2015年5月至7月的K線走勢圖，可以看到該股階段性見頂後急速下跌。

見圖4-59，隨後股價見底止跌，連續收出3根一字漲停線，顯示主力拉升意圖非常明顯，投資者可以在接下來的交易日買進，待拉升後賣出，透過快進快出來獲利。

一字漲停形態說明當天開盤有大量買單鎖住漲停，而賣單數量遠遠小於買單。這是因為人們非常看好這檔股，都不願意賣掉，因此在一字漲停期間，幾乎不可能買到這檔股票。隨後股價步入一波上漲行情，形成明顯的V形反轉形態。

20、倒 V 形出現暴漲，務必及時賣出避免慘賠

倒V形反轉形態又稱為尖頂反轉形態。當股價大幅上漲後，突然出現快速下跌行情，頭部為尖頂（如第170頁圖4-60所示），就像是倒寫的英文字母「V」。

在實際走勢中，出現尖頂反轉形態的個股較常見。投資者一旦發現股價

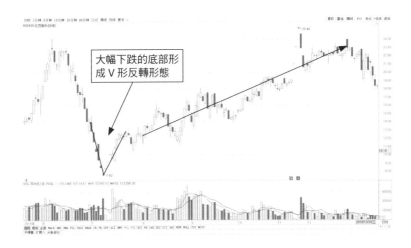

圖4-59　紅豆股份（600400）K線圖（2）

大幅下跌的底部形成Ｖ形反轉形態

暴漲後出現快速回檔，一定要及時賣出停損，否則將遭受極大的損失。

第170頁圖4-61是仰帆控股2014年6月至2015年7月的K線走勢圖。從圖中可以看到，該股股價走勢形成一個明顯的倒V形反轉形態，股價快速下跌，結束前期漫長的上漲趨勢。

21、矩形形態表示，多空雙方力量達到均衡狀態

矩形整理形態又稱作箱形整理（見第171頁圖4-62），它是指股價在波動變化的過程中，其上限和下限呈現2條水平直線，上限為股價的上漲壓力線，下限為股價的下跌支撐線。

矩形整理形態為衝突型形態，描述雙方的競爭實力相當，其形成原理如下：

（1）在形成之初，多空雙方全力投入，各不相讓。空方在股價上漲到某個位置就賣出，多方在股價下跌到某個價位就買進，時間一長便形成明顯的上限與下限。

（2）隨著時間的推移，雙方的競爭會逐步減弱，成交量減少，市場趨

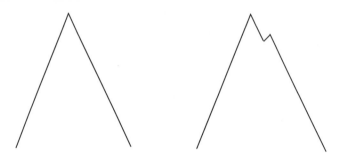

圖4-60　　倒 V 形反轉形態

圖4-61　　仰帆控股（600421）K 線圖

於平淡。如果原來是上升趨勢，經過一段矩形整理後，繼續原來的趨勢，多方會占優勢並採取行動，使股價向上突破矩形的上限。如果原來是下跌趨勢，空方會採取行動，突破矩形的下限。

　　第172頁圖4-63是*ST吉恩在2013年12月至2015年6月的走勢圖。該股在上升初期出現橫盤震盪走勢，這種橫盤震盪整理是矩形整理形態。矩形整理

| 圖4-62 | 矩形整理形態示意圖 |

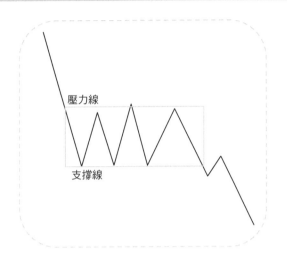

形態告訴投資者，**多空雙方的力量在該範圍內完全達到均衡狀態，這段期間誰都占不了誰的便宜。**

　　看漲的一方認為其價位是理想買點，於是每當股價落到該水準就買進，形成一條水平的需求線。與此同時，另一批看跌的投資者對股市沒有信心，認為股價難以升越其水準，於是股價回升至該價位水準時就賣出，形成一條平行的供給線。

　　另外，矩形整理形態也可能是因為投資者對不明朗的後市發展，變得迷惘和不知所措而造成。因此，當股價回升時，一批對後市缺乏信心的投資者賣出，而股價回落時，一批憧憬著未來前景的投資者買進。由於雙方實力相當，於是股價在這段區域內來回波動。

　　一般來說，矩形是整理形態，漲勢和跌勢中都可能出現。長而窄且成交量小的矩形在原始底部較常出現。突破上下限為買進和賣出的訊號，漲跌幅度通常等於矩形本身寬度。

圖4-63 *ST 吉恩（600432）K 線圖

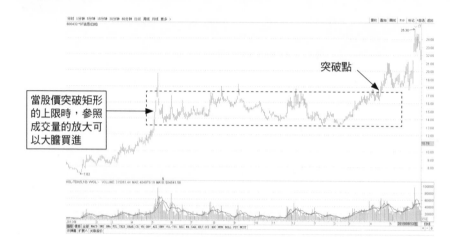

當股價突破矩形的上限時，參照成交量的放大可以大膽買進

突破點

專家提醒

　　矩形整理形態在形成的過程中，極可能演變成三重頂（底）形態，而這 2 個形態今後的走勢方向完全相反，一個是持續整理形態，要維持原來的趨勢，另一個是反轉突破形態，要改變原來的趨勢。正因為矩形的判斷有這樣一個容易出錯的可能性，在面對矩形和三重頂（底）進行操作時，一定要等到突破後才能採取行動。

4-2 了解 3 類特殊技術圖形：缺口、底部島狀、頂部島狀

除了以上常見的K線技術形態之外，較特殊的技術圖形還有缺口、島狀等形態。本節將介紹3種特殊技術圖形的看盤策略。

⟨$⟩ 1、分析 4 種不同的缺口型態

當股價在快速、大幅變動中，有一段價格沒有任何交易，顯示在股價趨勢圖上是一個真空區域，這個區域稱為「缺口」，又稱作跳空。當股價出現缺口，經過幾天甚至更長時間的變動，然後反轉過來，回到原來缺口的價位時，稱為「封閉缺口」。

如圖4-64所示，相鄰的2根K線在垂直方向上沒有重疊，便形成一個缺口，也就是圖形上沒有發生任何交易的價格區。

圖4-64　缺口的形成

在下降趨勢中的「跳低缺口」表現為後一期的最高價低於前一期的最低價，代表空方占據優勢

在上升趨勢中的「跳高缺口」表現為後一期的最低價高於前一期的最高價，往往代表多方占據優勢

跳低缺口　　　　　　　　　　跳高缺口

產生缺口的原因往往在於，突發事件導致供求關係的驟然變化。缺口可以出現在上漲趨勢中，也可以出現在下跌趨勢中，它對股價形態走勢的研判具有重要意義，因此值得投資者研究和掌握。

　　缺口分為普通缺口、突破缺口、持續缺口和衰竭缺口4種：

1. 普通缺口形態

　　普通缺口形態通常在密集的交易區中出現，例如：在較長時間形成的橫盤整理或反轉形態（三角形反轉、矩形反轉）等地方都可能有這類缺口形成，並且在短期內會回補（又稱填補，即在一段時間後，股價反轉回到原來缺口的價位），如圖4-65所示。

　　一般來說，普通缺口是短期供需失衡或突發性消息所造成，在整理形態出現的機會比在反轉形態時大得多，因此發現發展中的三角形和矩形有許多缺口時，應該判斷它屬於是整理形態。

圖4-65　普通缺口形態

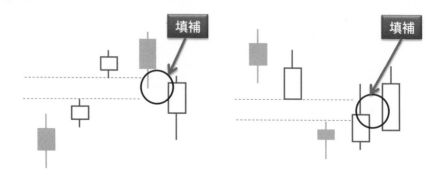

形態解析

在盤整行情中出現的缺口稱為普通缺口，通常在短時間內即被回補，普通缺口是最常見的缺口，一般在幾個交易日內會完全填補，它能幫助投資者認清某種形態的形成。
◆ 要點1：如果看好股價的後市發展，且在下跌行情的低位出現普通缺口，暗示股價很快會填補回升，投資者可考慮買進。
◆ 要點2：如果看空股價的後市發展，且在上漲行情的高位出現普通缺口，暗示股價很快會填補回落，投資者可考慮賣出。

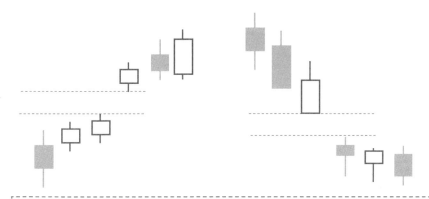

圖4-66 突破缺口形態

形態解析

在盤整期間，多空雙方相互較勁，最終會有一方占據優勢，使價格急速變化，形成向上或向下跳空缺口，並為一段中期的上漲或下跌揭開序幕，這種缺口稱為突破缺口。出現這種形態已完全脫離原有的密集波動區，預示將展開一波較大的上漲或下跌行情，對後市行情的延續發展，是十分重要的參考。

◆ 要點1：出現突破缺口，表示行情的真正突破已形成，且突破缺口越大，股價未來的變動就會越強烈。

◆ 要點2：如果在上升行情中放量出現該形態，股價將繼續向上運行。

◆ 要點3：如果在下跌行情中出現該形態，即使無量配合股價也會繼續下跌，若成交量放大，則會加速股價下跌。

◆ 要點4：如果在發生突破缺口前成交量放大，而缺口形成後成交量反而縮小，則該缺口可能很快會被填補。

◆ 要點5：如果再發生突破缺口後成交量放大，短期內該缺口不會被填滿。

2. 突破缺口形態

突破缺口是指在完成密集的反轉或整理形態後，股價以一個很大的跳空遠離前期形態的缺口，如圖4-66所示。

突破缺口常出現在整理形態即將結束時，由於技術面或基本面的優勢，在多空拉鋸中做出跳空上漲或跳空下跌，而脫離盤整，例如：投資者常見的跌破支撐、突破壓力。

突破缺口的分析意義較大，經常在重要的轉向形態時出現，例如：頭肩式突破可以幫助投資者辨認突破訊號的真偽。若股價突破支撐線或壓力線後，一個很大的跳空缺口，可知突破強而有力，很少有錯誤發生。

在實戰操作中，出現向上突破性缺口後，投資者可以第一時間進場，如果第一時間沒能把握買點也沒關係，仍可以利用後續的震盪回檔或低位時買進。

⌐ 專 家 提 醒 ⌐

　　形成突破缺口的原因，是其水平的壓力經過長時間的較勁後，供給的力量完全被吸收，短時間缺乏貨源，想買股的投資者被迫以更高價買進。又或是其水平的支撐經過一段時間的供給後，需求方已被滿足，想賣股的必須以更低價賣出。

3. 持續缺口形態

　　持續缺口又稱為中途缺口或繼續缺口。它通常出現在突破缺口後的上漲或下跌行情的途中。其作用是在原有的股價形態上，加強股價的上漲或下跌力道，如圖4-67所示。

圖4-67	持續缺口形態

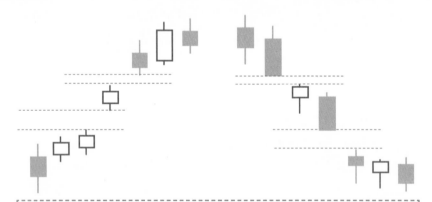

形態解析

持續缺口是股價向某一方向有效突破之後，由於股價劇烈波動，而在上漲或下跌途中出現的缺口，這是一個趨勢的持續訊號。在產生缺口時，交易量可能不會增加，但如果增加，通常表明一個強烈的趨勢。

◆ 要點1：持續缺口一般不會在短期內被封閉，因此投資者可在向上運行的持續缺口附近買進，或在向下運行的持續缺口附近賣出，不必擔心是否套牢。

◆ 要點2：在某一段上升或下降趨勢中，持續缺口可能有一個，也可能有多個，而且每出現一個持續缺口，表示股價的上升或下降趨勢將加強。且在上升行情中，出現每一個持續缺口時，其成交量都會大於形成缺口前的成交量。

專家提醒

　　持續缺口的形成原理如下：股價在突破整理區急速上漲或下跌時，成交量在初期是最大的，然後在上漲或下跌過程中不斷減少。在原本具有優勢的一方重新取得優勢後，放量跳空開高或跳空下跌便形成持續缺口。此後，在後續的上漲或下跌行情中，成交量慢慢減少。這就是持續缺口形成時，成交量的變化情況。

---

4. 衰竭缺口形態

　　衰竭缺口也稱作消耗性缺口，與普通缺口相似，該缺口形態很快會被填補，通常出現在上升行情的頂部或下跌行情的底部，如第178頁圖4-68所示。

　　衰竭缺口很少是突破前一個形態大幅變動過程中的第一個缺口，絕大部分情形是，它的前面至少會出現一個持續缺口。

　　因此可以假設，在股價快速直線上升或下跌變動的中期，出現的第一個缺口為持續缺口，而隨後的每一個缺口都可能是衰竭缺口，尤其當這個缺口比前一個空距大時，更應特別注意。

專家提醒

　　在突破缺口之後出現的缺口，可能是持續缺口，也可能是衰竭缺口，投資者可以從以下3點研判：

　　（1）如果缺口出現後，在下一個交易日有反轉行情，且收盤價停在缺口邊緣，則為衰竭缺口。

　　（2）在下跌行情中，如果出現缺口後，成交量急劇萎縮，則是衰竭缺口。

　　（3）在上升行情中，如果缺口出現的當日或次日，成交量劇增，而且在一段時間內沒有出現比這個更大的成交量，則是衰竭缺口。

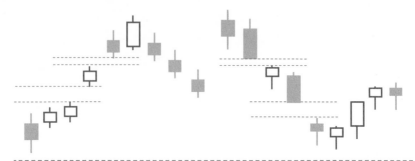

圖4-68　衰竭缺口形態

形態解析

衰竭缺口出現在一段行情即將結束之時，表示股價變動結束。在缺口出現後短期內行情反轉，並回補缺口，則說明前者是衰竭缺口。若反轉後在同一價位區出現與前者反向的缺口，則結論更加確定。

◆ 要點1：若一波行情走勢中已出現突破缺口與持續缺口，那麼隨後出現的缺口很可能是衰竭缺口。

◆ 要點2：出現衰竭缺口表示衰竭跳空已經形成，股價的趨勢將暫告一段落。如果在上升途中，表示即將下跌；若在下跌趨勢中出現，表示即將回升。

◆ 要點3：持續缺口是在股價大幅變動途中產生，因此不會在短時間內封閉，但是衰竭缺口是變動即將到達終點的最後現象，所以多半在2～5天的短期內被封閉。

 ## 2、底部島狀反轉

　　底部島狀反轉形態是一個孤立的交易密集區，與先前的價格趨勢隔著一個竭盡缺口，又與之後的價格趨勢隔著一個突破缺口，使整理期間的形態宛如一個孤島，如圖4-69所示。

　　底部島狀反轉形態常會伴隨著很大的成交量。如果成交量很小，這個島狀反轉形態很難成立。

　　底部島狀反轉是轉勢形態，表示股價已見底回升，將從跌勢轉化為漲勢。雖然這種轉勢不會一帆風順，多空雙方會有一番激烈較勁，但形勢將有利於多方。

　　因此，對於那些填補向上跳空缺口後，再度發力上攻躍上跳空缺口上方的個股，投資者要密切關注，已持股者仍可做多，未持股者可適時跟進。

圖4-69	底部島狀反轉形態與特徵

向下跳空缺口　　向上跳空缺口

底部孤島
孤島處的盤整天數無具體規定

島狀反轉形態的特徵如下：
◆ 在股價相對低位區發生。
◆ 在下跌行情中，股價已有一定的跌幅後，某日突然跳空開低，留下一個缺口，日後幾天股價繼續下跌。
◆ 當股價下跌到某低點又突然峰迴路轉，股價開始急速回升，並留下一個向上跳空的缺口。
◆ 前後兩個缺口處在同一價位區，島狀反轉時常伴隨很大的成交量

專家提醒

底部島狀反轉形態有 2 個提示：

（1）底部島狀反轉後，股價免不了激烈的上下震盪，但多數情況在下探上升缺口後會止跌，然後再次發力上攻。

（2）一旦確認底部島狀反轉形態，投資者應及時進場做多。需要注意的是，對於填補向上跳空缺口後，股價還繼續下跌的個股，就不可再看多，此時應及時出場以保證資金安全。

3、頂部島狀反轉

頂部島狀反轉形態的主要特徵是：股價或大盤經過一段時間上漲，出現一個向下的跳空缺口，而這個缺口與該股上升時向上的跳空缺口，基本上處於同區域，於是整個K線圖分成上下2截，在上面的部分就像遠離海岸的孤島。其形態如第180頁圖4-70所示。頂部島狀反轉形態的特徵，有以下4個：

（1）股價持續上漲，市場氣氛樂觀。

（2）股價在某日突然出現較大的向上跳空缺口，隨後在高位徘徊震

圖4-70	頂部島狀反轉形態與特徵

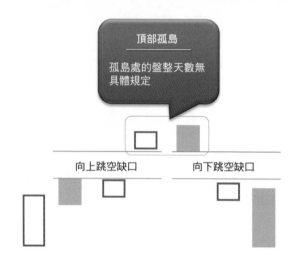

盪，持續幾天都在窄幅波動。

（3）最後，股價又以向下跳空方式開始下跌。

（4）前後兩缺口基本處於同價位區。

　　頂部島狀反轉形態一旦確立，說明近期股價看空已成定局。此時持股的投資者只能認賠出場，如果繼續持股必將遭受更大損失，而未持股的投資者近期最好不要再過問該股，即使中途有反彈也盡量不要參與，應關注其他有潛力的股票來換股操作。

用「量價分析」看籌碼，追蹤主力操盤痕跡

5-1 從成交量看盤，認識均量線、陰陽量、量價關係……

成交量是盤面分析的重要指標，也是股價漲跌的原動力，更是市場資金籌碼多寡的最直接體現。第5章主要介紹成交量與股價結合的實戰分析，量價結合是有力的實戰看盤工具，也是判斷市場強弱的重要技術。

在股市中，成交量可以反映股價走勢的強弱，即主力操盤的痕跡。分析成交量，在一定程度上能提高判斷的準確性和可靠性。

成交量的定義？該怎麼查看？

在分析量價之前，首先需要對成交量的基本概念有一定的了解，包括成交、成交量、成交量值。其具體含意見表5-1。

在炒股軟體中輸入VOL（成交量）指令，按【Enter】鍵確認，即可顯示成交量視窗，如圖5-1所示。

| 表5-1 | 成交量的相關概念 |

相關概念	基本含意
成交	買賣雙方報價一致，進而達成交易的行為
成交量	指定時間內成交的數量
成交量值	指實際成交金額（每股成交價 × 成交量），其基本統計單位是「元」

| 圖5-1 | 顯示成交量視窗 |

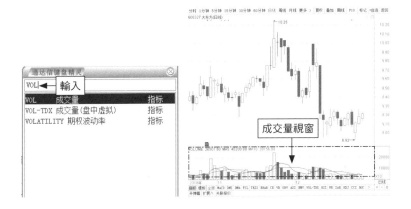

　　VOL指標即成交量指標，在股票交易中是股票活躍度的表現，VOL指標的不同形態預示不同的行情，有助於投資者掌握股價運行趨勢。VOL是成交量指標中最簡單、最常用的指標，由成交量柱線和3條平均線組成。

認識成交量平均線

　　成交量平均線也稱作均量線，它是反映一定時期內市場成交情況的技術性指標。常用的均量線包括5日均量線、10日均量線、35日均量線和135日均量線。

1.5 日均量線和 10 日均量線

　　5日均量線和10日均量線作為成交量漲跌的判斷依據，對操盤有明顯的指導作用。

　　以下將舉例分析5日均量線和10日均量線。見第184頁圖5-2，當5日均量線在10日均量線下方向下運行，且無轉頭趨勢時，說明跌勢將繼續。見圖5-3，當5日均量線在10日均量線上方向上運行時，說明股價仍將反覆震盪上漲。

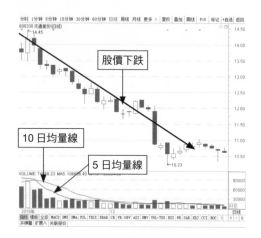

圖5-2　　天通股份（600330）均量線分析（1）

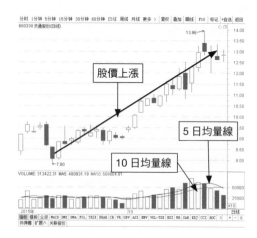

圖5-3　　天通股份（600330）均量線分析（2）

2. 35 日均量線和 135 日均量線

　　35日均量線是主力洗盤線。如圖5-4所示，在個股上漲過程中，隨著成交量持續放大，引發5日均量線上穿35日均量線形成黃金交叉，且當日成交

圖5-4　西藏珠峰（600338）均量線分析（1）

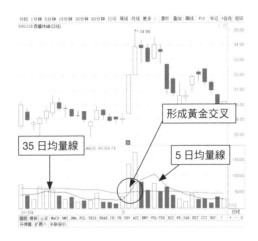

圖5-5　西藏珠峰（600338）均量線分析（2）

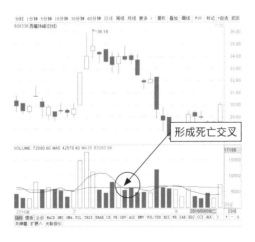

量是5日均量的2倍以上，這就是最佳買點。見圖5-5，隨著股價再創新高，如果5日均量線向上疲軟且有轉頭現象，或是下穿35日均量線形成死亡交叉，一旦量縮價跌，則是短線賣點。

圖5-6　廣州發展（600098）均量線分析

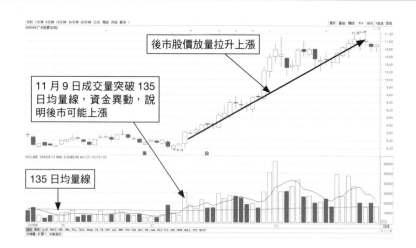

135日均量線是資金異動線。成交量在135日均量線下方時，投資者應持續觀望；當成交量突破135日均量線時，表示有資金異動，這時候投資者需要密切關注該股。

圖5-6是廣州發展2016年9月至12月的走勢圖。從圖中可以看到，股價在9、10、11月的底部橫盤整理階段時，成交量基本在135日均量線下方運行。2016年11月9日，股價開平走高收大陽線，成交量出現巨量突破135日均量線，並在其上方持續放量拉升，隨後股價走出一波上漲行情，成交量大部分在135日均量線上方運行。

成交量的基本形態

成交量放大，是因為市場上多空雙方的買賣意願不統一而形成，如果市場看法一致，成交量就會很小。

股票交易採取撮合成交的原則，總會有一部分投資者看多，一部分投資者看空，雙方抱持不同觀點，於是多方買進空方賣出，進而形成成交量。一般來說，成交量有以下4種形態：

圖5-7	成交量縮量示意圖

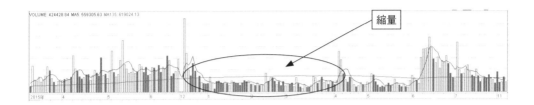

圖5-8	縮量的形態分析

 **上漲行情縮量**

在上漲行情途中出現縮量形態，主要是主力洗盤的手法，後市還會上漲，投資者可在該階段逢低買進。如果在高位出現縮量，說明上漲功能衰減，後市可能逆轉，投資者應拋售出場

 **下跌行情縮量**

在下跌行情途中，如果出現縮量形態，表示後市還會繼續下跌，投資者應果斷賣股，出場觀望，待股價下跌到一個低價位出現放量後再介入。這是有效迴避風險的方法

1. 縮量

縮量是指，個股在某個階段的成交量與其歷史成交量相比，出現明顯減少的形態，如圖5-7所示。在不同行情中，成交量縮量形態的意義不同，具體情況見圖5-8。

2. 放量

放量是指，個股在某個階段的成交量與其歷史成交量相比，出現明顯增大的形態，就形成成交密集區，如第188頁圖5-9所示。放量說明市場形成明顯買賣方向對立的多空雙方，多方認為買進機會來臨，急於買進籌碼，而空方則認為頂部將至，急於拋售籌碼，導致空方賣出、多方接盤。

圖5-9　成交量放量示意圖

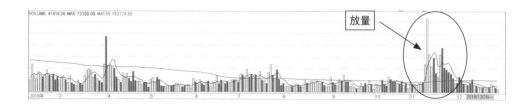

圖5-10　放量的情況分析

股價高價位區放量

當股價大幅上漲運行到高價位區後，成交量出現放量形態，表示行情可能觸頂逆轉，投資者此時應該謹慎操作

股價低價位區放量

當股價大幅下跌運行到低價位區後，成交量出現放量形態，表示行情可能見底，後市看好，投資者可以低價建立部位

　　通常，在股價低價位區和高價位區當中，放量形態的意義不同，具體情況見圖5-10。

專家提醒

　　放量除了屬於自然行為之外，還可能是主力使用交叉交易來操作成交量，即自買自賣大筆籌碼，進而放出天量，投資者對此應保持警覺。

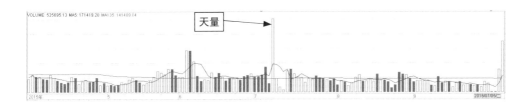

圖5-11　成交量天量示意圖

圖5-12　天量的形態分析

股價的高價位區

此時可能是主力在高位放量出貨，預示股價見頂，後市可能出現行情逆轉，股市中常說「天量天價」，就是指這個現象。當股價大幅上漲後出現天量，投資者應果斷出場，規避風險

股價低價位區或上漲過程中

此時的天量是主力透過手段製造，其目的是清理浮動籌碼。只要在出現天量後幾個交易日中股價不跌破天量當日的低點，且股價超過前期高點，投資者就可以適當進場

3. 天量

　　天量是指，股價在運行過程中突然放出巨大的量（至少是前一天成交量的2倍以上），如圖5-11所示。天量天價是指，股價大幅上漲後，在高價位放出巨量，同時再度出現大漲。天量天價大多出現在股價見頂附近。如果出現天量天價，股價又在頂端出現滯漲現象，意味著行情將反轉下跌，是盡早賣出時機。

　　天量出現的位置不同，其市場含意也不同，具體情況見圖5-12。

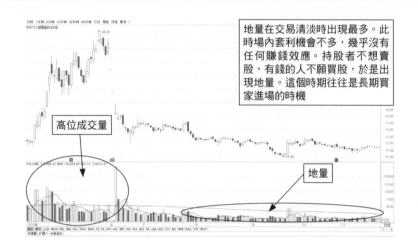

圖5-13　　宏圖高科（600122）2016 年 8 月至 11 月期間出現地量

地量在交易清淡時出現最多。此時場內套利機會不多，幾乎沒有任何賺錢效應。持股者不想賣股，有錢的人不願買股，於是出現地量。這個時期往往是長期買家進場的時機

高位成交量

地量

4. 地量

地量是指，個股成交量呈現極度縮小的狀態（見圖5-13），而且一般具有一定的持續性。

專家提醒

地量通常出現在下跌行情的末期，是行情見底的重要反轉訊號。一般來說，如果成交量縮至頂部最高成交量的 20% 以內，則股價有望見底。如果成交量大於這個比例，代表股票仍有下跌空間。

$ 陰量與陽量

根據成交量對應的K線屬性，可以將成交量分為陰量和陽量。

（1）陰量：當K線為陰線時，對應的成交量顯示為綠色或黑色，稱為陰量（如圖5-14所示）。一般正常成交量水準下的陰量對股價影響不大，但

圖5-14 　成交量陰量示意圖

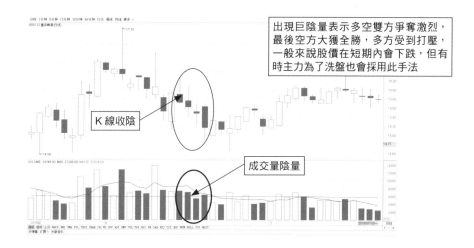

出現巨陰量表示多空雙方爭奪激烈，最後空方大獲全勝，多方受到打壓，一般來說股價在短期內會下跌，但有時主力為了洗盤也會採用此手法

K線收陰

成交量陰量

圖5-15 　成交量陽量示意圖

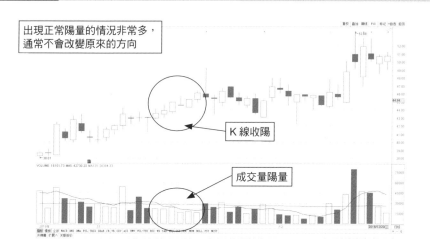

出現正常陽量的情況非常多，通常不會改變原來的方向

K線收陽

成交量陽量

巨陰量容易對股價的運行方向產生較大的影響。

（2）**陽量**：當K線為陽線時，對應的成交量顯示為紅色或白色，稱為陽量（如圖5-15所示）。陽量表示市場承接力強，多方取得勝利。

形態 **K** 線投資戰法

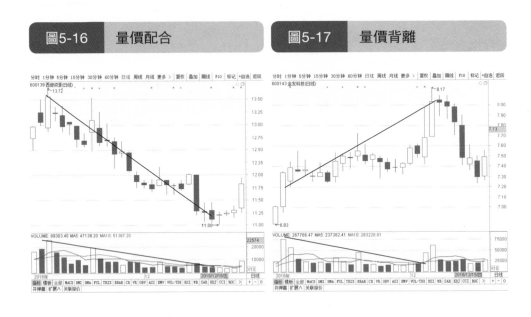

圖5-16　量價配合

圖5-17　量價背離

解析量價關係

　　量價配合與量價背離主要反映成交量與價格的關係，具體分析如下：

　　（1）量價配合：成交量的增減與股價漲跌成正比。如圖5-16所示，股價上漲，成交量增大，表明投資者看好後市，放心做多；股價下跌，成交量減少，表明投資者對後市充滿信心，持股惜售。

　　（2）量價背離：成交量的增減與股價漲跌成反比。如圖5-17所示，股價上漲，成交量卻減少或持平；股價下跌，成交量卻增大。

　　結合K線和成交量的走勢形態進行分析，可以提高判斷的準確性，是成功獲利的重要保證。

5-2

解析放量與縮量的特徵，
能認清股價漲跌動力

分析放量與縮量，對研究股價漲跌背後的動力十分有效。結合成交量的放大和縮小，股價的漲跌變化便有了參考依據，這麼做有利於投資者觀察股價變動的趨勢，掌握盤面運行特徵。

溫和放量的盤面分析

成交量溫和放大是指，成交量維持平穩放大的運行態勢，沒有出現天量也沒有出現地量，成交量慢慢放大，就像階梯式上升。

以下舉例分析成交量溫和放大的盤面。

第194頁圖5-18是生益科技2016年1至5月的K線走勢圖。該股在上漲初期遭到主力的打壓洗盤，但成交量並未明顯放大，說明此處出逃的籌碼不多。

如圖5-19所示，在打壓整理後，股價開始回暖，上漲態勢穩定，沒有暴漲也沒有暴跌。同時成交量溫和放大，整體保持穩定態勢。隨後股價出現直線拉升行情，成交量才放出天量。

専家提醒

形成溫和放量是因為主力在緩慢吸籌，盤中的剩餘浮動籌碼很少，主力穩定控盤，沒有出現獲利盤出場或大量籌碼被買進的現象。在主力的控制下，股價和成交量被限制在一定區域內。

圖5-18　生益科技（600183）K 線走勢圖（1）

主力在前期打壓股價，部分持有籌碼的投資者出逃，但實際上這只是主力在洗盤

圖5-19　生益科技（600183）K 線走勢圖（2）

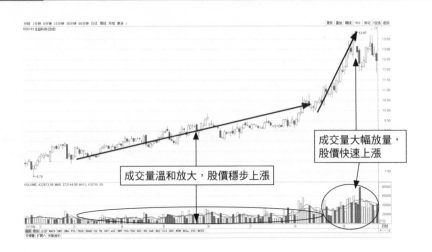

成交量溫和放大，股價穩步上漲

成交量大幅放量，股價快速上漲

| 圖5-20 | 江蘇吳中（600200）K線走勢圖（1） |

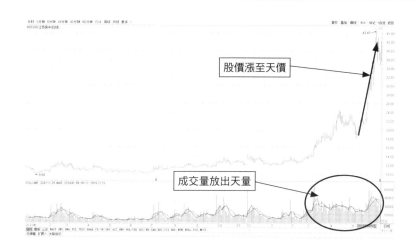

天量天價的盤面分析

天量天價是指，股價上漲末期相對於上漲初期，漲幅已十分巨大，創出新高。同時，成交量表現不俗，放出長時間以來的最大量。

以下舉例分析成交量天量和股價天價的盤面。

圖5-20是江蘇吳中2014年1月至2015年6月的K線走勢圖。從2014年1月至2015年3月，股價長期處於窄幅震盪走勢，大部分時間在橫盤整理。2015年3月初，股價開始急速拉升，直至42.47元高點，隨後K線收出一根大陽線，出現天量天價。

專家提醒

天量天價經常出現在股價上漲末期，是股價見頂的訊號。股價經過長時間上漲，已經漲至歷史高位，由於市場的買進情緒已到達極限，成交量放出天量。這提醒投資者應開始注意減少部位。

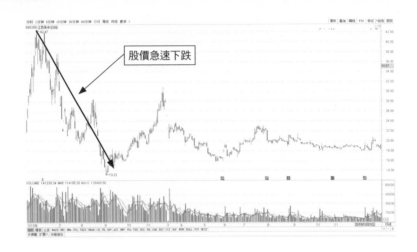

圖5-21　江蘇吳中（600200）K 線走勢圖（2）

如圖5-21所示，該股出現天量天價後，市場做多氛圍到達極限，股價已經見頂，隨時可能出現下跌回落。果然，股價在高位大幅震盪幾次後，開始直線下滑，下跌初期還有一些放量，但隨著股價繼續下跌，成交量開始逐步萎縮，顯示此時已沒有多少買盤，市場各方做空意見一致。

突放巨量的盤面分析

某股股價維持平穩運行，成交量保持平穩放大或縮小，而某日突然出現巨量，成交量放大居近一段時間之最，股價也有大幅波動，這是市場異常的表現。這種現象多半是主力的故意操作行為導致，例如：利用對敲對做的手法，造成股價波動和成交量大幅放大。

圖5-22是昌九生化2016年1至9月的K線走勢圖。該股從9.61元開始上漲，隨後在一定區域內橫盤震盪，股價有所回落，之後繼續拉升，途中出現跳空上漲。當股價漲至14.67元高點時，當日收出穿頭穿腳陽線，成交量大幅放大，甚至超過前期跳空上漲放出的巨量。之後，股價迅速回落，此處的突然巨量是股價洗盤的開端，隨後股價回落是最佳證明。

圖5-22 昌九生化（600228）K線走勢圖（1）

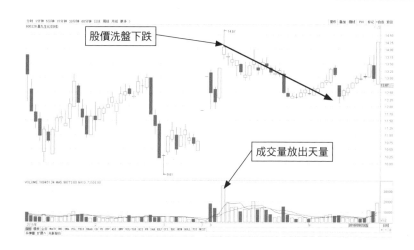

圖5-23 昌九生化（600228）K線走勢圖（2）

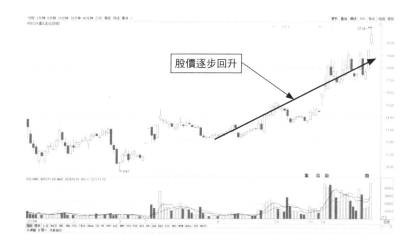

　　後市走勢如圖5-23所示，在出現巨量洗盤後，股價經過整理再次逐步回升，成交量也再次放出天量。

┌───┐

　　專家提醒

　　　　如果在股價上漲階段中期，某日成交量突然出現天量，且放出陰量，後市股價出現短期下跌，則可能是主力故意對敲震倉洗盤，以驚嚇投資者出售籌碼。

　　　　如果股價在上漲階段初期出現天量，可能是主力快速建立部位的行為。此時主力不在乎吸籌的隱密性，而是讓投資者關注，代表主力吸籌已接近尾聲，希望場內的投資者買進，以便拉高股價。

└───┘

5-3

8種量價組合的實例分析，
助你立刻掌握資金流向

量價組合是指實戰應用的分析方法，可以幫助投資者掌握股價變化趨勢和盤面資金流向。

低位連續放量的盤面分析

經過連續下跌，市場中的賣壓得到有效釋放，股價來到投資點位，因此吸引一些長線資金有計劃地流入，造成低位區連續放量上漲。

以下舉例分析低位連續放量的盤面。

第200頁圖5-24是臥龍地產2015年5月至10月的K線走勢圖。從圖中可以看出，該股在2015年6月15日見頂13.97元，當天收出一根長上影陰線配合巨量，推動股價快速下跌，至底部4.57元後又開始緩緩上行，成交量逐步放大。

後市走勢如第200頁圖5-25所示，該股股價在跌至4.57元低點後，開始緩緩轉頭向上，顯示市場以下跌為主導的走勢即將改變。同時成交量逐步放大，股價上漲一段時間後突飛猛進，成交量開始大幅放量。

向上跳空放量的盤面分析

股價向上跳空顯示多方強勢，同時成交量快速放大，顯示市場資金在積極換手，由此發出強勢上漲的訊號。

下面舉例分析向上跳空放量的盤面。

圖5-24　臥龍地產（600173）K線走勢圖（1）

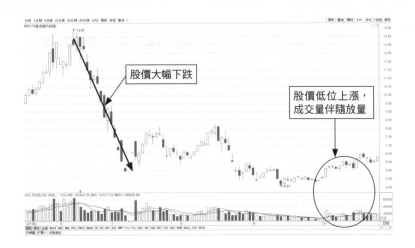

圖5-25　臥龍地產（600173）K線走勢圖（2）

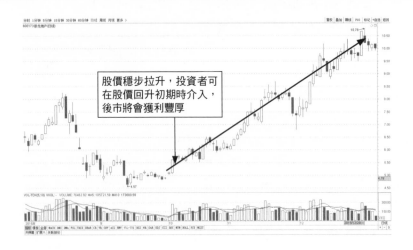

　　第201頁圖5-26是東方創業2015年12月至2016年5月的K線走勢圖。從圖中可以看出，該股前期處於下跌後的底部橫盤整理態勢，成交量萎縮至地量水準。2016年4月25日股價連續2天跳空上漲，成交量放出天量。

圖5-26 東方創業（600278）K線走勢圖（1）

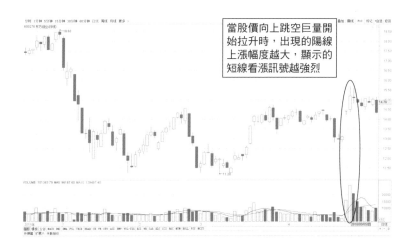

當股價向上跳空巨量開始拉升時，出現的陽線上漲幅度越大，顯示的短線看漲訊號越強烈

圖5-27 東方創業（600278）K線走勢圖（2）

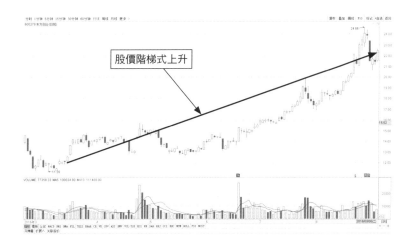

股價階梯式上升

後市走勢如圖5-27所示，該股跳空漲停顯示拉升有力，再加上伴隨而來的成交量放大，是主力拉抬股價的表現。主力製造跳空漲停吸引投資者關注，後市漲幅巨大。投資者在跳空後買進，會獲利豐厚。

專家提醒

　　成交量是反映股市人氣聚散的鏡子。人氣旺盛才可能買賣踴躍，成交量自然放大。相反地，當人氣低迷時，成交量必定萎縮。在實際操作中，成交量萎縮反映出許多問題。其中最關鍵的是表示籌碼安全性高，也就是沒有人想賣出這檔股票，而且若股價不下跌，更說明市場賣壓窮盡。

$ 向下跳空放量的盤面分析

　　股價向下跳空顯示市場的弱勢，同時跳空下跌伴隨著成交量的大幅放大，由此可見主力已完成自身的出逃計畫，並大幅打壓股價，同時大量賣盤出場，此處是明顯的賣出訊號。

　　以下舉例分析向下跳空放量的盤面。

　　圖5-28是廣匯汽車2015年6月至2016年1月的K線走勢圖。從圖中可以看出，該股股價前期處於橫盤走勢，於2015年12月25日出現跳空下跌並伴隨放量的態勢。

| 圖5-28 | 廣匯汽車（600297）K線走勢圖（1） |

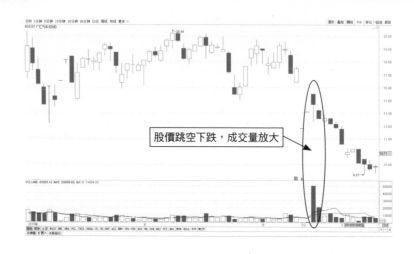

股價跳空下跌，成交量放大

| 圖5-29 | 廣匯汽車（600297）K線走勢圖（2） |

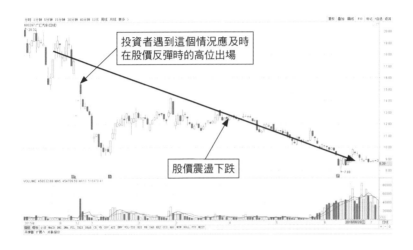

後市走勢如圖5-29所示，可以看出股價在出現跳空下跌後，成交量有所放大，顯示此處的獲利盤和套牢盤開始慌亂出逃。由於之前股價已經在下跌，因此跳空的下跌更能刺激投資者的恐慌。後市股價會繼續大幅滑落，沒有及時出場的投資者應抓住下跌反彈的機會賣出。

量增價升的盤面分析

量增價升是指股價隨著成交量不斷增大而上升。在不同階段出現量增價升形態，其代表的盤面意義也不同，見第204頁圖5-30。

以下舉例分析股價上漲初期量增價升的盤面。

第204頁圖5-31是白雲山2015年12月至2016年3月的K線走勢圖。從圖中可以看出，股價從33.70元的頂部開始一路走低，跌至19.60元底部。股價見底後不久開始回升，同時成交量溫和放大，顯示量增價漲。

後市走勢如第205頁圖5-32所示，股價從底部開始逐漸回升，在此同時，成交量不斷放大。成交量與股價相互配合，股價上漲吸引投資者買進，導致成交量放大，再次推動股價上漲。

圖5-30	量增價升形態的盤面意義

  上漲初期和上漲途中

在上漲前期或途中出現量增價升形態，表示場外資金不斷注入，後市看漲，此時為明顯的買進訊號

  上漲末期

在上漲末期出現量增價升形態，是主力高位出場的表現，後市看跌，待主力完全出貨後，行情將逆轉

  下跌初期和下跌途中

在下跌初期或途中出現量增價升形態，往往是股價反轉，當量能不能繼續放大時反彈結束，下跌行情將繼續

  下跌末期

在下跌末期出現量增價升形態，股價不會立即大幅上漲，可能會經歷一個調整回落的階段

圖5-31	白雲山（600332）K 線走勢圖（1）

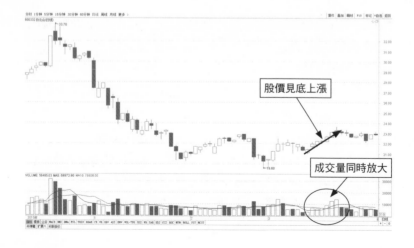

股價見底上漲

成交量同時放大

圖5-32	白雲山（600332）K線走勢圖（2）

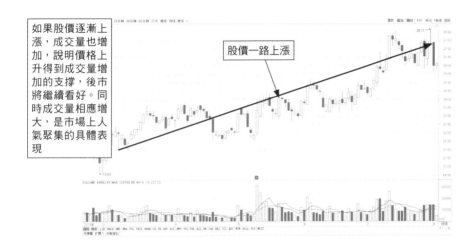

如果股價逐漸上漲，成交量也增加，說明價格上升得到成交量增加的支撐，後市將繼續看好。同時成交量相應增大，是市場上人氣聚集的具體表現

股價一路上漲

量增價跌的盤面分析

　　量增價跌形態主要是指，個股在股價下跌的情況下，成交量反而增加的一種量價配合現象，是典型的短線價量背離。在不同階段出現量增價跌形態，其代表的盤面意義也不同，見第206頁圖5-33。

　　以下舉例分析股價上漲末期量增價跌的盤面。

　　第206頁圖5-34是華夏幸福2016年5月至11月的K線走勢圖。從圖中可以看出，該股前期經歷一波放量上漲走勢，衝至29.35元高點後開始回落，並出現量增價跌的形態，顯示有大量籌碼在此出逃。

　　後市走勢如第207頁圖5-35所示，該股在高位震盪中形成量增價跌形態。量增表示賣盤較洶湧，市場恐慌情緒高漲，股價後市開啟大幅的下跌走勢。因此，**當高位出現量增價跌時，投資者必須出場。**

　　量增價跌形態用在股市上，表現為價格下跌，成交量上升，表示價格下跌獲得部分買家認可而大批購買，但也可能是主力在大力出貨，因此要看成交量、消息面、大盤行情的局面。在大家都瘋狂出逃時，有人會認為是建立部位的好時機，因此量增價跌實質上反映出買賣雙方的分歧相當大。

圖5-33　　量增價跌形態的盤面意義

上漲初期和上漲途中

在上漲初期或途中出現量增價跌形態，主要是主力在此震倉洗盤，只要股價在均線位置獲得支撐回升，就會繼續上漲

上漲末期

在上漲末期出現量增價跌形態，表示做多量能衰減，股價上漲乏力，行情即將反轉，後市可能出現一波大幅下跌行情

下跌初期和下跌途中

在下跌初期或途中出現量增價跌形態，主要是主力出貨完成，股價上漲失去主力依託，做空動能強，這是明顯的助跌訊號，後市看空

下跌末期

在下跌末期出現量增價跌形態，代表有資金接盤，尤其是出現快速放量下跌的情況，往往是主力誘空，後期有望形成底部或產生反彈

圖5-34　　華夏幸福（600340）K 線走勢圖（1）

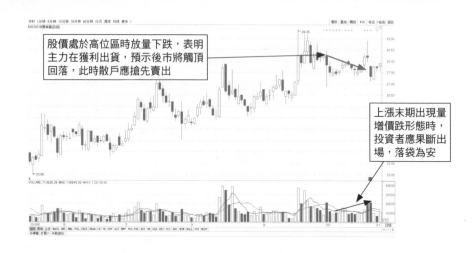

股價處於高位區時放量下跌，表明主力在獲利出貨，預示後市將觸頂回落，此時散戶應搶先賣出

上漲末期出現量增價跌形態時，投資者應果斷出場，落袋為安

圖5-35	華夏幸福（600340）K線走勢圖（2）

量增價平的盤面分析

　　量增價平形態是指，股價隨著成交量不斷增大，而保持在某個價位範圍內波動，這意味著多空雙方的意見分歧較大，或是大盤在成交量放大的情況下，指數卻沒有出現上漲，而是在原來的點位上下波動。

　　一般情況下，量增價平形態會出現在谷底時期、多頭初升段、多頭主升段、多頭回檔整理、多頭末升段、空頭主跌段、空頭盤整或反彈這7種行情階段中，見第208頁表5-2。

　　以下舉例分析股價上漲初期量增價平的盤面。

　　第209頁圖5-36是大有能源2016年1月至6月的K線走勢圖。從圖中可以看出，該股在上漲途中經歷長時間的橫盤整理，並出現量增價平的形態，股價伴隨成交量的不斷增大，保持在某個價位範圍內波動。

表5-2	量增價平形態的盤面意義

階段	盤面意義
谷底時期	當股價下跌很深，量價關係轉為量增價平，代表股價有可能在此止跌見底，但是股價不會立即上漲，因此投資者應等到底部形態確立後，再伺機買進
多頭初升段	在股價上漲初期，量增價平是籌碼良性換手的現象，或是主力介入吃貨的跡象，投資者可以逢低承接
多頭主升段	若量增價平出現在多頭主升段的中、末期，投資者應持觀望態度。這種現象可能是主力在換手或是出貨，不容易分辨，但往往是走勢回檔的徵兆。投資者應該注意賣出時機
多頭回檔整理	當股價進入回檔整理階段時，量增價平有可能使走勢回升，也可能因為久盤形成頭部，使股價反轉下跌。若是回升盤，在整理過程中，理應不會破壞多頭趨勢的支撐關卡，那麼在盤整過程中的量增價平，很可能是主力的試單量。相對地，在整理過程中，如果破壞多頭關卡，那麼量增價平可能是出貨量
多頭末升段	股價在上漲末期走勢減緩，並呈現盤軟震盪，同時伴隨成交量持續湧現，但是價格持平，即所謂的「量大不漲」，這往往是股價反轉的徵兆，主要是主力在高位借助盤整形態趁機出貨。一旦主力出貨完畢，行情就會逆轉步入下跌行情。此時，沒有股票的投資者要持續觀望，而持有股票者應考慮減少部位或賣出
空頭主跌段	在下跌初期或途中出現量增價平，表示逢低介入的短線買盤已出現，有機會蘊釀短波段反彈，尤其是股價已進入支撐區。不過，這只是短線行情，有時根本不反彈卻再度破底，在股價跌破形態後，後市會繼續下跌。因此，出現此現象時，投資者切勿認為已轉成回升，不妨等進入谷底時期之後再開始注意是否打出底部形態
空頭盤整或反彈	當股價進入空頭盤整或反彈走勢時，出現量增價平形態，尤其是量增幅度較大時，往往是反彈尾聲，成交量大的地方通常是相對高點，投資者宜趁此時順勢出脫短線多單

專家提醒

在下跌末期出現量增價平形態，預示有大量資金介入該股，後市股價有望見底，行情可能會發生逆轉。投資者應密切關注、仔細分析，可以在下跌行情的低位等待機會，做好買進準備。

圖5-36	大有能源（600403）上漲途中出現量增價平形態

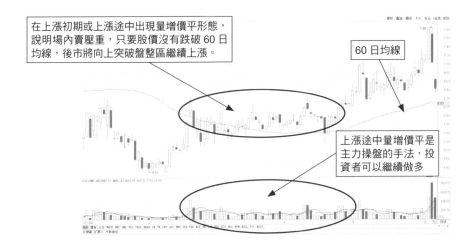

在上漲初期或上漲途中出現量增價平形態，說明場內賣壓重，只要股價沒有跌破 60 日均線，後市將向上突破盤整區繼續上漲。

60 日均線

上漲途中量增價平是主力操盤的手法，投資者可以繼續做多

量減價升的盤面分析

量減價升形態是不健康的量價結構，股價隨著成交量的不斷萎縮而上升，屬於典型的背離現象。在不同階段出現量減價升形態，其代表的盤面意義也不同，見第210頁圖5-37。

專家提醒

股市的上漲需要資金支持，每一波上漲行情同時是一個成交量持續放大的過程。但成交量不可能無限放大，在達到一定水平（即「天量」）後，就會難以為繼，股市繼續上漲的基礎也會動搖。一旦成交量由持續放大變為持續萎縮，往往伴隨著調整行情的展開。

第210頁圖5-38是國電南瑞2016年5月至10月的K線走勢圖。從圖中可以看出，該股從前期下跌至12.68元低點開始逐步回暖，上漲初期漲幅較小，漲

圖5-37 量減價升形態的盤面意義

上漲途中

在上漲途中出現量減價升形態，是主力大量吸籌後鎖住拉升股價的表現，後市會繼續上漲。但若在大盤中出現該形態，則表示大盤走勢轉弱，投資者應謹慎做多

上漲末期

在上漲末期出現量減價升形態，是明顯的量價背離，是強烈的行情逆轉訊號，後市將進入一段下跌行情

上漲初期和下跌末期

在上漲初期或下跌末期，出現量減價升形態，股價上漲無成交量配合，說明上漲高度有限，後市可能會出現股價回落下調或橫盤整理

下跌初期和下跌途中

在下跌初期和下跌途中出現量減價升形態，表示價格會反彈，但如果成交量不能繼續放大，股價反彈將結束，後市繼續看跌

圖5-38 國電南瑞（600406）上漲途中出現量減價升形態

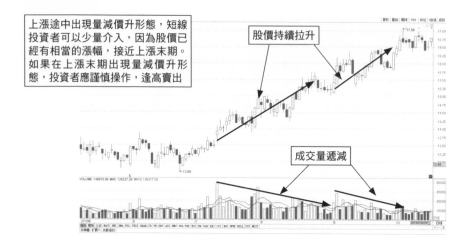

上漲途中出現量減價升形態，短線投資者可以少量介入，因為股價已經有相當的漲幅，接近上漲末期。如果在上漲末期出現量減價升形態，投資者應謹慎操作，逢高賣出

股價持續拉升

成交量遞減

速較慢。2016年7月12日突然放出巨量跳空開高走高，以一根大陽線開啟快速拉升走勢，同時成交量不斷減少。這顯示主力透過前期的吸籌拉升，已達到高度控盤狀態，場內的浮動籌碼不多，或者市場的各方一致做多，操盤意見達成一致，後市該股大有作為。

$ 量減價跌的盤面分析

量減價跌表現為股價持續下跌，成交量同步伴隨縮減，即縮量下跌。在不同階段出現量減價跌形態，其代表的盤面意義也不同，見第212頁圖5-39。

以下舉例分析股價上漲途中量減價跌的盤面。

第212頁圖5-40是青松建化2016年8月至12月的K線走勢圖。從圖中可以看出該股前期觸底回升，連續走出小陽線。上漲後不久，股價快速下跌，成交量銳減，形成量減價跌的態勢。股價在4.28元處止跌反彈，隨後在上漲過程中出現洗盤整理，但成交量並未放大而是縮小。這說明主力控盤較好，沒有太多的獲利盤和浮動籌碼湧出，預示股價後市可望強勢上漲。

另外，對於出現量減價跌的個股，投資者應密切關注大盤走勢。如果大盤仍有上升空間，個股可能會止跌向上；如果大盤向下，個股可能會向下跌破。

專家提醒

在下跌行情轉為上升行情之前，成交量會發出訊號。下跌行情快要結束時，股價波動小，成交量經過一段時間的整理，大多已經萎縮。隨後成交量有放大跡象，股價有時回升，有時沉寂不動。在幾次較大的換手後，上漲勢在必行。

在上升行情中，成交量的變化一般都領先股價的變化，所以大盤再創新高時，不一定要求新的天量出現。通常天量會早於天價，不過天量出現往往意味著上升行情進入下半場。在此過程中，上升行情仍需要持續放量，只是要求這個成交量足以推動大盤持續上漲即可。

圖5-39 量減價跌形態的盤面意義

  上漲初期

如果出現在股價漲升初期，屬於正常回檔，後市看漲，投資者可以在低位大膽介入

  上漲途中

在上漲途中出現量減價跌是主力震盪洗盤，後市看漲，該階段必須量減，否則股價將持續下跌

  上漲末期

在上漲末期出現量減價跌形態，表示主力開始出貨，若隨後股價走勢疲軟，行情可能發生逆轉

  下跌末期

在下跌末期出現量減價跌形態，表示行情運行到底部，此時在短時間內股價可能反彈之後創新低

圖5-40 青松建化（600425）上漲途中出現量減價跌形態

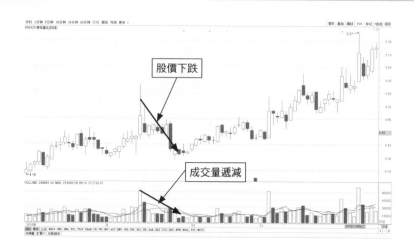

應用「切線理論」，順勢賺飽飆股行情

6-1
從趨勢看盤，用 3 方向、3 類型預測股價後期走勢

對於股票投資的趨勢來說，切線理論非常重要。投資者可以利用理論分析和預測股價的後期走勢，判斷買賣時機。第6章將有系統地介紹切線理論看盤的關鍵——趨勢線的使用技巧和方法。

盤面趨勢其實是展現股價的變動趨勢，投資者掌握和預測股價運行趨勢，有助於抓住行情趨勢，更有效地買賣操作。

$ 認識股價運行的趨勢

趨勢中的「勢」是指股價未來運行變化的方向和路線，而股價運行軌跡是在整體觀察的基礎上得出，並非精確到每一天、每一小時，只是一個大致的方向，所以稱作「趨」。

股市中技術分析的3大假設之一，是市場中的股價按照一定的趨勢運行，在沒有外界因素的作用下，股價會延續前期的趨勢繼續行進，由此可見，趨勢在股價分析中的重要地位。以下舉例分析股價運行的趨勢。

圖6-1是太原重工2014年5月至2015年6月的K線走勢圖。從圖中可以看出，股價從2014年5月開始一直上漲，期間雖然有下跌回檔走勢，但沒過多久又重新回升，並且沒有改變整體態勢，從13.78元的高點向前看，股價就像手扶梯一般順勢向上行進。

圖6-2是太原重工2015年6月至2016年6月的K線走勢圖，可以看到該股從13.78元處的高點開始回落，不久股價再次反彈至一定的高度。但是，這次反彈並未改變下跌走勢，股價沒有反轉向上，而是繼續下跌。縱觀股價從

圖6-1　太原重工（600169）股價呈現整體向上態勢

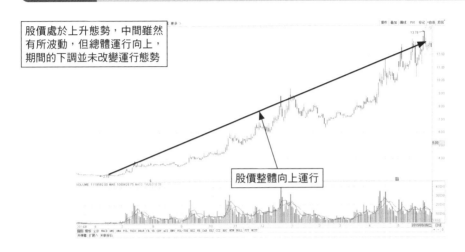

股價處於上升態勢，中間雖然有所波動，但總體運行向上，期間的下調並未改變運行態勢

股價整體向上運行

圖6-2　太原重工（600169）股價呈現整體向下態勢

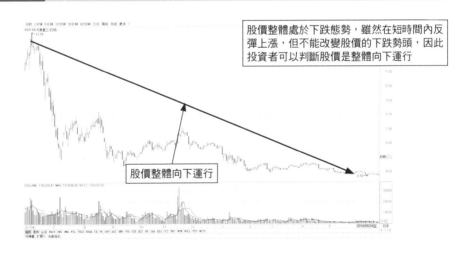

股價整體處於下跌態勢，雖然在短時間內反彈上漲，但不能改變股價的下跌勢頭，因此投資者可以判斷股價是整體向下運行

股價整體向下運行

13.78元高點跌至3.70元低點，整體處於下跌態勢中。

　　整個市場是在無休止的波動當中，在一般情況下，股價不會每天都是一樣的價格。趨勢不在乎股價短時間內的上下波動，而是很長一段時間內整體

的運行態勢。只要可以分辨整體態勢，就能判斷此階段的股價走勢。

專家提醒

　　一個完整的趨勢是透過不斷鞏固和加強而形成，市場的多空雙方在較勁中，找到一個能共同接受的平衡點。

　　趨勢變化的原理如下：

　　（1）多方主導向上趨勢：如果市場中多方主導股價運行態勢，那麼隨著股價的推高，市場中的買盤會逐漸減少，因為先知先覺的投資者注意到股價漲幅已經非常大，同時主力可能已經將股價推升到出貨位置，後市看跌。此時買盤不斷減少，成交量也減少，市場向上的趨勢發展缺少必要動力，多方逐漸衰弱，向上趨勢逐漸趨緩。

　　（2）空方主導向下趨勢：空方在前期雖然處於劣勢，但在股價上升趨勢中不斷養精蓄銳、累積能量。等到多方由盛轉衰時，空方反擊，重創多方，先前的上升態勢終於被改變，一個反向趨勢即將來臨。

---

⑤ 趨勢運行的 3 大方向

　　股票行情運行的趨勢一旦形成，股價就會順著這個方向繼續行進，直到出現明顯的轉勢訊號。趨勢線的趨勢方向主要有3種，分別是上漲趨勢、下跌趨勢、震盪趨勢。

1. 上漲趨勢

　　圖6-3是臥龍地產2014年10月至2015年6月的K線走勢圖。從圖中可以看出，該股從2014年11月開始一波以上升趨勢為主的上漲行情，期間股價窄幅波動，每個波段頂部都高於前頂，每個波段底部都高於前底，使股價整體保持上漲的趨勢。

| 圖6-3 | 臥龍地產（600173）股價呈現上漲趨勢（1） |

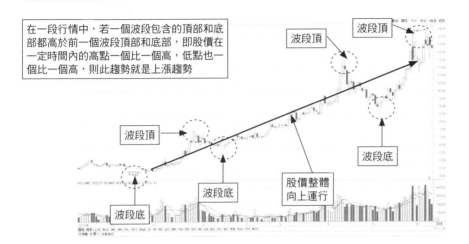

在一段行情中，若一個波段包含的頂部和底部都高於前一個波段頂部和底部，即股價在一定時間內的高點一個比一個高，低點也一個比一個高，則此趨勢就是上漲趨勢

波段頂
波段頂
波段頂
波段底
波段底
波段底
股價整體向上運行

專家提醒

多空雙方必有一方會轉為弱勢，那麼相反的另一方就會強勢。強勢的一方成為推動趨勢繼續發展的主要動力，弱勢的一方會從中阻撓，形成一個趨勢中的反向回檔或反彈，但無法改變整體的運行方向。

　　如第218頁圖6-4所示，2015年12月28日股價漲至10.78元高點後有所回落，跌破多根均線，也打破原有的上漲趨勢，這段時間的底部比前底更低。但沒過多久，股價又開始反轉向上，回歸前期的上升軌跡，一直漲至11.94元高點。

2. 下降趨勢

　　第218頁圖6-5是伊力特2010年8月至2012年1月的K線走勢圖。從圖中可以看出，該股從2010年8月的19.55元高點處開始一路下跌，途中每一個低點都比上一個低，反彈的高點也逐級降低，股價一路下滑，走出明顯的下降趨勢。

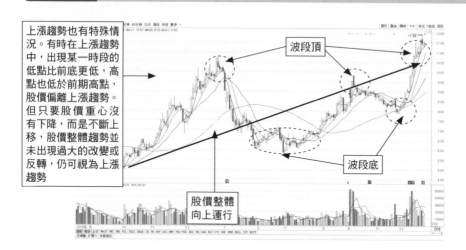

圖6-4 臥龍地產（600173）股價呈現上升趨勢（2）

上漲趨勢也有特殊情況。有時在上漲趨勢中，出現某一時段的低點比前底更低，高點也低於前期高點，股價偏離上漲趨勢。但只要股價重心沒有下降，而是不斷上移，股價整體趨勢並未出現過大的改變或反轉，仍可視為上漲趨勢

波段頂

波段底

股價整體向上運行

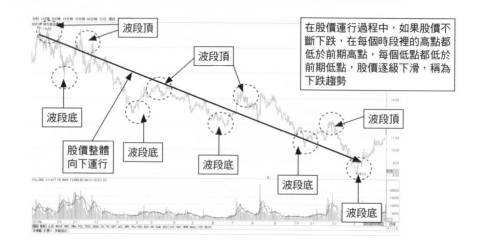

圖6-5 伊力特（600197）股價呈現下降趨勢（1）

波段頂

波段頂

在股價運行過程中，如果股價不斷下跌，在每個時段裡的高點都低於前期高點，每個低點都低於前期低點，股價逐級下滑，稱為下跌趨勢

波段底

波段頂

波段底

股價整體向下運行

波段底

波段底

波段底

波段底

　　如圖6-6所示，在2012年7月股價突然衝高至17.05元，但此時已無濟於事。很快地，股價繼續下跌，一直跌至8.78元低點。

図6-6　伊力特（600197）股價呈現下降趨勢（2）

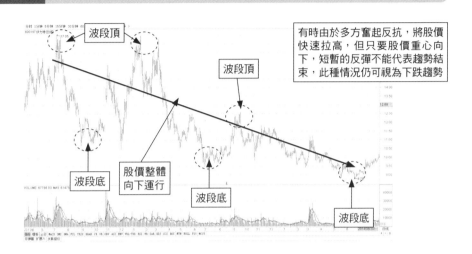

有時由於多方奮起反抗，將股價快速拉高，但只要股價重心向下，短暫的反彈不能代表趨勢結束，此種情況仍可視為下跌趨勢

波段頂

波段頂

波段頂

波段底

股價整體向下運行

波段底

波段底

図6-7　現代製藥（600420）股價呈現震盪趨勢

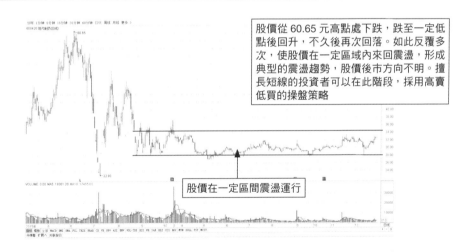

股價從 60.65 元高點處下跌，跌至一定低點後回升，不久後再次回落。如此反覆多次，使股價在一定區域內來回震盪，形成典型的震盪趨勢，股價後市方向不明。擅長短線的投資者可以在此階段，採用高賣低買的操盤策略

股價在一定區間震盪運行

3. 震盪趨勢

震盪趨勢是指股價橫向整理（見圖6-7），在很長一段時間裡，下個波段的高點和低點與前期波段基本持平，股價在一定的價格區間內窄幅震盪。

趨勢運行的 3 大類型

趨勢理論是指一旦市場形成上漲（下跌）的趨勢後，股價將沿著上漲（下跌）的方向運行，主要有以下3種趨勢。

1. 長期趨勢

長期趨勢是指股價廣泛或全面地上漲或下跌的變動情形，是技術分析中最常討論的趨勢，也是股價的主要趨勢或大趨勢，在股價分析中占有重要地位。

長期趨勢的變動持續時間通常為1年或1年以上，股價總漲（跌）幅超過20%。對投資者來說，長期趨勢持續上漲便形成多頭市場，持續下跌便形成空頭市場。長期趨勢較適合長期投資者，可以幫助他們盡可能在多頭市場上買進股票，而在空頭市場形成前，及時賣出持股。

由於證券分析行情軟體介面大小的限制，時間越長的行情，在軟體上的K線越小，越不容易看出股價短期的波動，而長期的趨勢會顯得越直觀。

圖6-8是北方導航2014年5月至2015年5月的K線走勢圖，可以看出該股從2014年5月見底11.20元後，開啟一波上漲走勢而逐級遞增。到2015年5月，股價已漲至63.35元高點。在此階段中，股價保持長期上升趨勢，雖然有短暫回檔，但大趨勢不變，這一年的漲幅超過460%。

如圖6-9所示，北方導航股價在2015年5月觸頂後，結束前期近一年的上升趨勢，開始反轉向下，急速下跌至一定低位後又反彈。但是，股價並未就此打住，隨後保持長期的下降趨勢，到了2016年6月底，跌至12.58元的低點。

專家提醒

長期趨勢要在較長時段中才會顯示出來，而且一旦形成長期趨勢，需要充足的時間來構築運行，如果運行一段時間後，趨勢被破壞，就不能稱為長期趨勢。

| 圖6-8 | 北方導航（600435）K線走勢圖（1） |

如果股價處於長期上漲趨勢，已持股的長期投資者就會保留籌碼，待股價觸頂後再賣出

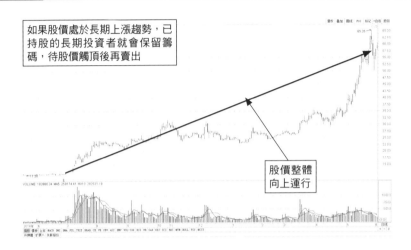

股價整體向上運行

| 圖6-9 | 北方導航（600435）K線走勢圖（2） |

長期趨勢可以直觀地顯示股價的整體運行態勢，經常受到長期投資者關注。如果股價處於長期下跌趨勢，長期投資者會出場觀望，待股價反轉向上後再進場

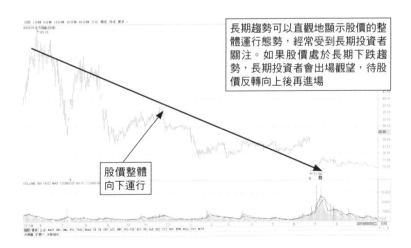

股價整體向下運行

| 圖6-10 | 涪陵電力（600452）K 線走勢圖 |

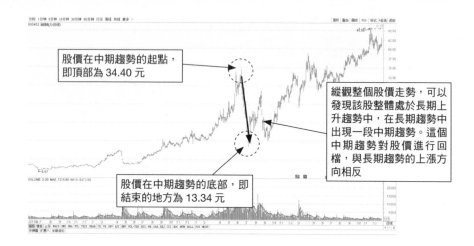

股價在中期趨勢的起點，
即頂部為 34.40 元

縱觀整個股價走勢，可以
發現該股整體處於長期上
升趨勢中，在長期趨勢中
出現一段中期趨勢。這個
中期趨勢對股價進行回
檔，與長期趨勢的上漲方
向相反

股價在中期趨勢的底部，即
結束的地方為 13.34 元

2. 中期趨勢

　　中期趨勢在道氏理論中又稱作次級趨勢。由於中期趨勢經常與長期趨勢的運行方向相反，並對其產生一定的牽制作用，因此也稱作股價的修正趨勢。這種趨勢持續的時間從3週至數月不等，其股價上漲或下跌的幅度一般為股價基本趨勢的1/3或2/3。中期趨勢較適合想贏得短期獲利的投機者。

　　圖6-10是涪陵電力2013年6月至2016年11月的K線走勢圖。從圖中可以看出，該股股價從6.57元處開始上漲，此時上漲態勢沒有特別強勁，呈現震盪攀升。

　　到了2015年2月，股價突然發力上攻，一直上漲至34.40元高位。之後股價回落，跌至13.34元後短暫整理，隨後繼續上衝。與這段上升趨勢的底部相比，中期趨勢的頂部上漲400%左右，中期趨勢的底部上漲100%左右，因此中期趨勢的回檔幅度大約60%。

3. 短期趨勢

　　短期趨勢是指股價在短時間內的變化趨勢，時間範圍大概在數天至3週。短期趨勢雖然時間短，但展現出股價在每天或每週的變動情況。如圖

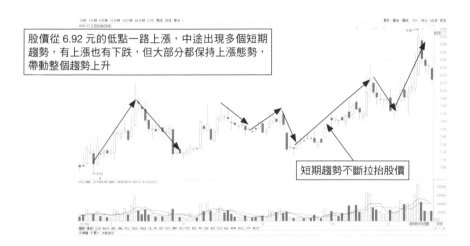

圖6-11	蘭花科創（600123）K線走勢圖

股價從 6.92 元的低點一路上漲，中途出現多個短期趨勢，有上漲也有下跌，但大部分都保持上漲態勢，帶動整個趨勢上升

短期趨勢不斷拉抬股價

6-11所示，短期趨勢是股價不斷上下波動的最直觀展現。通常，無論是中期趨勢還是長期趨勢，都是由多個短期趨勢構成。

股價趨勢的轉捩點

當一個趨勢運行至終點，也就是主導此波走勢的力量已逐步衰弱時，市場中的對立方會反擊，重新主導股價形成與前期相反的趨勢。此時，形成股價向另一種趨勢轉變的過程便是趨勢的轉折，而轉折處的高點或低點是股價的轉捩點。

第224頁圖6-12是華鑫股份2015年1月至2016年6月的K線走勢圖。該股在前期處於上升趨勢中，股價被逐級抬高，到了一定的高度，股價短暫震盪後開始急轉直下，趨勢頂點處是轉捩點。上升趨勢走到盡頭，股價開始進入下降趨勢而快速回落，跌幅較大且超過前期低點。

圖6-12	華鑫股份（600621）K線走勢圖

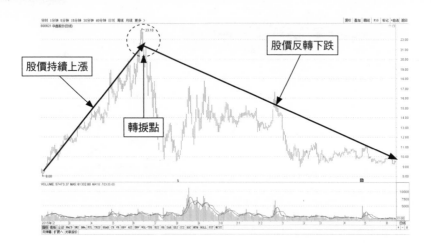

6-2

透過單根趨勢線，
判斷後市行情是上漲或下跌

利用股票軟體，輕鬆繪製趨勢線

趨勢線是股價運行的方向。在股價變化過程中，將逐步上漲的低點或是下跌的高點用直線連接起來，便可以畫出趨勢線。

接下來，以通達信軟體為例，介紹在K線圖中繪製趨勢線的方法。

STEP ① 圖6-13是新湖中寶2014年10月至2015年6月的K線走勢圖，股價從低點處走出一波上漲行情，其中有2次回檔，形成2個低點。

STEP ② 如圖6-14所示，選取右側工具列中的畫線工具 ✐ 。

圖6-13	新湖中寶（600208）K線走勢圖

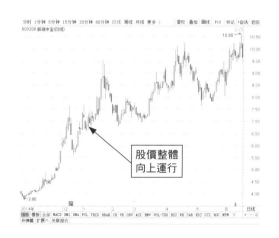

股價整體
向上運行

圖6-14	選取畫線工具

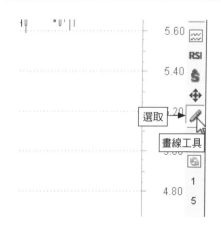

選取
畫線工具

| 圖6-15 | 選擇「箭頭」選項 | 圖6-16 | 繪製帶箭頭的趨勢線 |

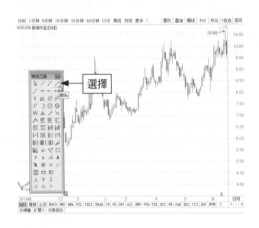

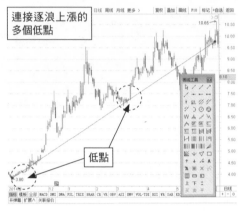

STEP ③ 如圖6-15所示，彈出「畫線工具」面板，選擇「箭頭」。

STEP ④ 如圖6-16所示，想直觀感受股價的上漲走勢，可以繪製上升趨勢線來衡量股價的運行趨勢。於是，在K線圖中連接股價運行軌跡中的2個低點，便形成一個上升趨勢線。

STEP ⑤ 如圖6-17所示，將游標移到趨勢線上按一下滑鼠右鍵，在彈出的快顯功能表中選擇「編輯畫線」。

STEP ⑥ 如圖6-18所示，彈出「畫線屬性」方塊，設置相應的顏色和線寬。

STEP ⑦ 如圖6-19所示，按下「確定」按鈕，即可改變趨勢線的屬性。投資者可以更清晰地觀察到該股整體保持上漲走勢，2次回檔並未改變上升趨勢。

STEP ⑧ 同理，繪製下降趨勢時，可以將行情運行過程中，逐浪下跌的多個高點或最具代表意義的高點連接，形成趨勢線，如圖6-20所示。形成下降趨勢，表示市場中多方勢力逐漸衰弱，空方勢力正在逐步加強，後市行情看跌，投資者應立即設置停損點。

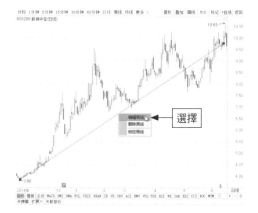

圖6-17 選擇「編輯畫線」

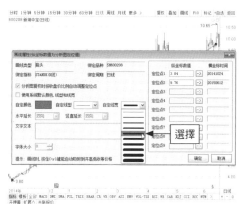

圖6-18 設置畫線屬性

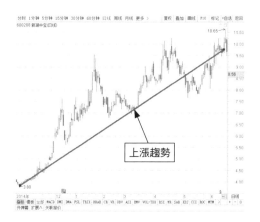

圖6-19 改變趨勢線的屬性

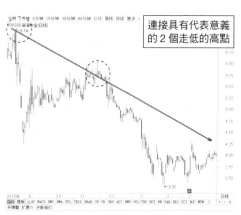

圖6-20 繪製下降趨勢

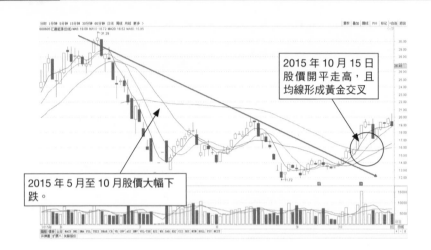

圖6-21 匯通能源（600605）K線走勢圖（1）

2015 年 10 月 15 日
股價開平走高，且
均線形成黃金交叉

2015 年 5 月至 10 月股價大幅下
跌。

趨勢線被有效突破，表示趨勢將反轉

趨勢線被有效突破，是股價發生逆轉的訊號。

（1）在上漲行情中，股價向下跌破上漲趨勢線之後，如果繼續走弱，可視為一個賣出點。

（2）在下跌行情中，股價向上突破下跌趨勢線之後，如果繼續走強，可視為一個買進點。

以下舉例分析趨勢線被有效突破的盤面。圖6-21是匯通能源2015年5月至10月的K線走勢圖。股價順著下跌趨勢線的方向大幅下跌後，在2015年9月左右到達一個低位。2015年10月15日股價收在大陽線，5日、10日、20日均線分別轉頭向上運行，突破60日均線形成黃金交叉，後市看漲。

見圖6-22，隨後股價持續上漲走出一波上漲行情。因此，低價位股價有效突破下跌趨勢線，投資者可以堅持做多、持股待漲。

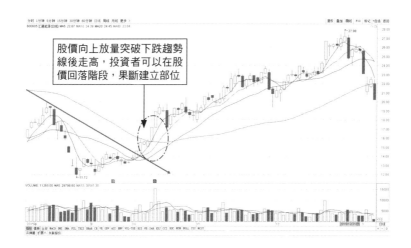

圖6-22　匯通能源（600605）K線走勢圖（2）

股價向上放量突破下跌趨勢
線後走高，投資者可以在股
價回落階段，果斷建立部位

專家提醒

　　有時候，在新趨勢形成的過程中，可能會存在形成失敗的情況，也就是該趨勢還沒等到確認是否形成，便無法延續下去，而是形成新的轉折。例如：在連接2個波段低點形成上升趨勢後，沒過多久，上升趨勢改變，股價不再向上行進，而是急轉直下，那麼該上升趨勢無效，或者只是一波短期趨勢或中期調整趨勢。

$ 趨勢線的時效性

　　股價順著趨勢線移動的時間越長，表示趨勢線越可靠，也就是上漲趨勢將繼續上漲，下跌趨勢將繼續下跌。

　　第230頁圖6-23是新世界2010年2月至2013年6月的走勢圖。從圖中可以看到，股價前期經歷一波大幅下跌行情，在低位站穩回升。

　　如第230頁圖6-24所示，隨後股價順著趨勢線的方向，持續放量上漲半年多。

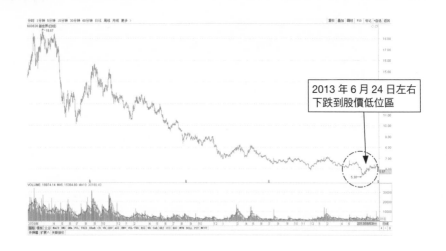

圖6-23　新世界（600628）K線走勢圖（1）

2013 年 6 月 24 日左右
下跌到股價低位區

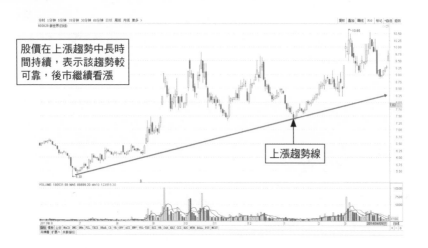

圖6-24　新世界（600628）K線走勢圖（2）

股價在上漲趨勢中長時
間持續，表示該趨勢較
可靠，後市繼續看漲

上漲趨勢線

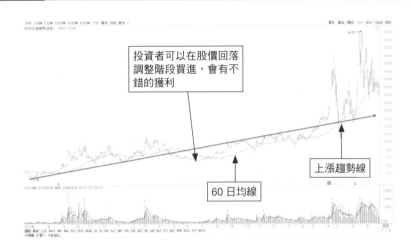

圖6-25　新世界（600628）K線走勢圖（3）

> 投資者可以在股價回落調整階段買進，會有不錯的獲利

> 60日均線

> 上漲趨勢線

　　如圖6-25所示，2013年6月至2015年8月，股價順著60日均線向上攀升2年多的時間。

結合趨勢線與成交量，綜合分析盤面

　　不管趨勢線維持的時間長短，最終都會在某個位置反轉，尤其是在股價運行到頂部或底部時，投資者更要謹慎使用。為了提高預測趨勢的準確性，可以結合成交量來綜合分析。

　　如第232頁圖6-26所示，在上漲趨勢末期，追漲盤和跟風盤盲目介入拉抬股價，主力則在高位順勢出貨，因此成交量呈現放量形態。此時，股價的上漲趨勢即將結束，後市看跌，投資者一定要及時停損出場。

　　見第232頁圖6-27，在下跌趨勢末期，套牢盤失去持股信心，見價就賣而拉低股價，主力則在底部大量吸籌，因此成交量逐步放大。此時下跌趨勢即將結束，後市看漲。

圖6-26 浙報傳媒（600633）K 線走勢圖

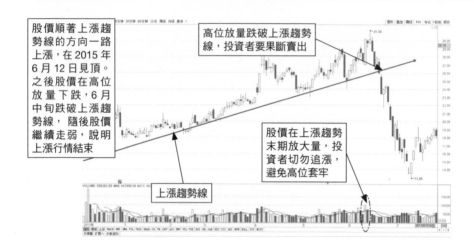

股價順著上漲趨勢線的方向一路上漲，在 2015 年 6 月 12 日見頂。之後股價在高位放量下跌，6 月中旬跌破上漲趨勢線，隨後股價繼續走弱，說明上漲行情結束

高位放量跌破上漲趨勢線，投資者要果斷賣出

股價在上漲趨勢末期放大量，投資者切勿追漲，避免高位套牢

上漲趨勢線

圖6-27 新黃浦（600638）K 線走勢圖

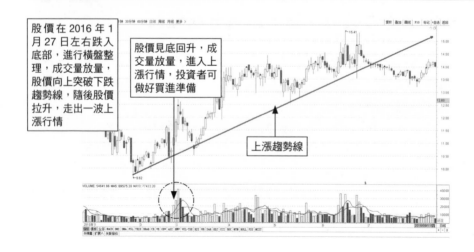

股價在 2016 年 1 月 27 日左右跌入底部，進行橫盤整理，成交量放量，股價向上突破下跌趨勢線，隨後股價拉升，走出一波上漲行情

股價見底回升，成交量放量，進入上漲行情，投資者可做好買進準備

上漲趨勢線

圖6-28　曲江文旅（600706）K 線走勢圖（1）

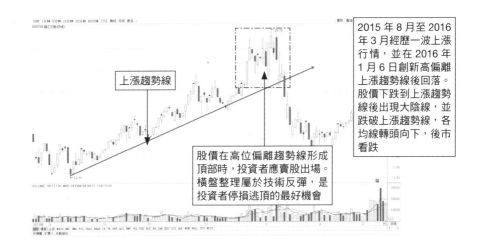

上漲趨勢線

股價在高位偏離趨勢線形成頂部時,投資者應賣股出場。橫盤整理屬於技術反彈,是投資者停損逃頂的最好機會

2015 年 8 月至 2016 年 3 月經歷一波上漲行情,並在 2016 年 1 月 6 日創新高偏離上漲趨勢線後回落。股價下跌到上漲趨勢線後出現大陰線,並跌破上漲趨勢線,各均線轉頭向下,後市看跌

頂部或底部偏離趨勢線

　　對於趨勢是否達到末期,投資者可以藉由高點或低點與趨勢線的偏離情況來判斷。以下舉例分析頂部或底部偏離趨勢線。

　　圖6-28是曲江文旅2015年8月至2016年3月的K線走勢圖,頂部與趨勢線偏離,後市看跌。

　　第234頁圖6-29是曲江文旅2015年6月至12月的K線走勢圖,底部與趨勢線偏離,後市看漲。

　　(專)(家)(提)(醒)
　　一般情況下,股價在趨勢末期都會出現加速上漲或下跌的現象,其高點或低點大多都遠離趨勢線。

圖6-29　曲江文旅（600706）K線走勢圖（2）

下跌趨勢線

2015 年 6 月至 12 月
經歷一波下跌行情，
並在低位遠離趨勢
線。隨後股價逐步
拉升，突破下跌趨
勢線。同時成交量放
量，後市走出一波可
觀的上漲行情。投資
者應在階段性低位，
果斷買進獲利

組合運用緩慢與快速趨勢線，提高分析準確度

　　趨勢線的組合，主要是使用緩慢趨勢線和快速趨勢線。接下來，將研究上漲行情中，緩慢上漲趨勢線和快速上漲趨勢線的組合，以及下跌行情中，緩慢下跌趨勢線和快速下跌趨勢線組合，可以如何運用。

┌─────────────────────────────┐
　專 家 提 醒

　　在實際操作中，只靠單根趨勢線不能準確判斷Ｋ線行情的發展趨勢，而且有時候股價突破趨勢線是暫時的，因此需要憑藉多根趨勢線來綜合分析，才能提高趨勢分析的準確性和可靠性。
└─────────────────────────────┘

緩慢上漲和快速上漲趨勢線組合

　　在上漲行情中，緩慢上漲趨勢和快速上漲趨勢線的組合，有以下2種情況：

　　（1）先快後慢：見第236頁圖6-30，在上漲初期，股價急速上漲，隨後回落調整，暫時跌破上漲趨勢線創新低之後，反彈形成新趨勢，後市沿著這個趨勢繼續上漲。

　　（2）先慢後快：見第236頁圖6-31，在上漲行情途中，股價在原上漲趨勢上方急速上漲形成新趨勢，最終也會在原趨勢線獲得支撐回升。

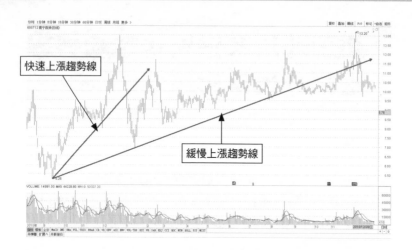

圖6-30　先快後慢上漲趨勢組合

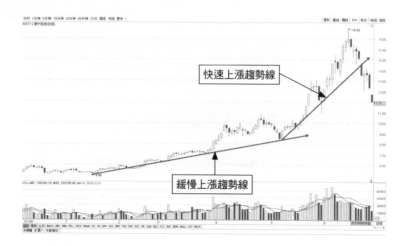

圖6-31　先慢後快上漲趨勢組合

緩慢下跌和快速下跌趨勢線組合

在上漲行情中，如果在緩慢上漲趨勢上方出現快速下跌趨勢，往往是主力洗盤的手段。因為股價整體重心向上，回落在時間和空間上有限，後市股價還會繼續上漲。此時投資者可以持股待漲，不要輕易看空或做空。

專家提醒

在上升趨勢中，將各波段回檔的低點用直線相連，這些點大多都在一條直線上，後市回檔的低點也會落在這條直線上。在下跌趨勢中，各反彈高點也一致保持在一條直線上。這就是支撐線與壓力線在股價走勢中的作用。

（1）**支撐線**：當股價回落至由之前低點繪製的支撐線附近時，通常股價會止跌回升，這就是支撐線在對股價發揮作用。

（2）**壓力線**：壓力線發揮阻擋多方反攻的作用，當股價反彈到前一個波段高點時，遇到壓力回落，停止上漲而繼續前期的下降趨勢。

在下跌行情中，緩慢下跌趨勢和快速下跌趨勢線組合，有以下2種情況：

（1）**先快後慢**：見第238頁圖6-32，在行情下跌初期，股價下跌趨勢急速，隨後反彈調整，暫時突破下跌趨勢線後，回落形成新趨勢，後市沿著這個趨勢繼續看跌。

（2）**先慢後快**：見第238頁圖6-33，在下跌行情途中，股價在原下跌趨勢下方急速下跌形成新趨勢，即使股價反彈上漲突破新趨勢，最終也會在原趨勢線處，受到壓力回落。

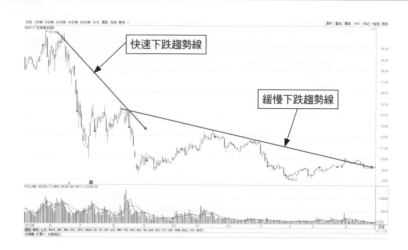

圖6-32　先快後慢下跌趨勢組合

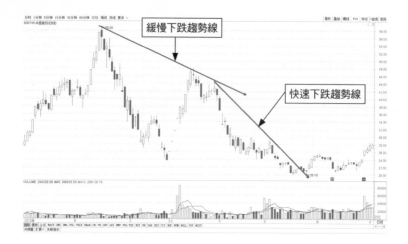

圖6-33　先慢後快下跌趨勢組合

第 7 章

結合「多種均線」，
精準抓住進出場時機

7-1 從移動平均線看盤，認識 MA 和 MACD 指標

投資者在看盤時，可以利用各種移動平均線來分析和預測股價走勢。所謂移動平均線，就是把某段時間的股價加以平均，再依據這個平均值作出平均線圖像。這樣不但更加直觀、明瞭，還能大幅提高盤面分析的可靠性。

移動平均線作為分析價格變動趨勢的指標，可以配合K線圖使用，與K線走勢圖結合，是分析股價走勢的法寶。

🏧 股價移動平均線（MA）

股價移動平均線是分析價格運行趨勢的方法，它是按照固定樣本數，計算股價移動平均值的平滑連接曲線，其直接載入在主圖上，如圖7-1所示。

專家提醒

移動平均線是以道瓊斯的平均成本概念為基礎，採用統計學中的移動平均原理，將一段時間內的股價加以平均，顯示股價在一定時期內的變動趨勢。同時，投資者可以透過平均線當前的走勢，預測股價後期的變動。

根據移動平均線的週期，可以將其分為短期移動平均線（SMA）、中期移動平均線（MMA）和長期移動平均線（LMA）。

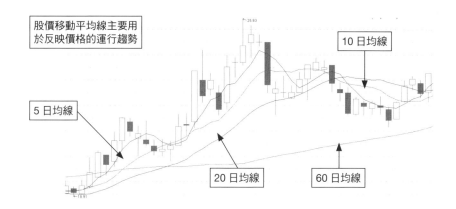

圖7-1　　預設顯示的股價移動平均線

股價移動平均線主要用
於反映價格的運行趨勢

10 日均線

5 日均線

20 日均線

60 日均線

平滑異同移動平均線（MACD）

　　平滑異同移動平均線（Moving Average Convergence Divergence，簡稱MACD）是移動平均線衍生的技術指標。它對股票買賣時機具有研判意義，適合初涉股市的投資者進行技術分析。

　　MACD是從雙移動平均線得來，由快的移動平均線減去慢的移動平均線。相較於單純分析雙移動平均線的差，MACD閱讀起來更方便、快捷。第242頁圖7-2所示為MACD指標在盤面中的表現形式。

　　MACD由正負差（DIF）和異同平均數（DEA）這2部分組成：

　　（1）正負差（DIF）：DIF是快速平滑移動平均線與慢速平滑移動平均線的差。快速和慢速的區別，是進行指數平滑時採用的參數大小不同，短期的移動平均線是快速的，長期的移動平均線則是慢速的。

　　（2）異同平均數（DEA）：DEA作為輔助指標，是DIF的移動平均，也就是連續DIF的算術平均。

　　（3）柱狀線（BAR）：BAR是DIF與DEA線的差，在指標走勢區呈現為彩色的柱狀線。紅色表示BAR值為正，綠色表示BAR值為負。由於BAR值是由DIF減去DEA再乘以2，因此投資者經常將BAR由綠變紅（即由負變正）時，視為買進時機，而將BAR由紅變綠（由正變負）時，視為賣出時機。

圖7-2　平滑異同移動平均線（MACD）

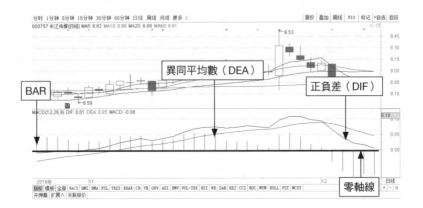

7-2 黃金交叉 vs. 死亡交叉，辨別兩者的形態和訊號

　　當多條均線同時存在，就會出現交叉，這些交叉點對股價運行趨勢的分析和預測，深具參考意義。

均線中出現黃金交叉，是買進訊號

　　股價在上漲過程中，上升的短期移動平均線由下而上，穿過上升的中、長期移動平均線形成交叉，就是黃金交叉。當黃金交叉出現時，表示市場短期走強，股價有較強的上漲動力，後市看好，投資者可以買股待漲。

　　下面舉例分析均線黃金交叉中的買進訊號。第244頁圖7-3是紅陽能源2015年4月至2016年7月的走勢圖，股價前期經歷一波大幅下跌行情，在低位站穩回升。

　　該股後市走勢見第244頁圖7-4，可以看到橫向盤整一段時間後，該股開始強勢上漲，5日、10日、20日均線先後上穿60日均線形成黃金交叉，股價先在均線有所表示，均線在股價上漲一段時間後出現黃金交叉，同時成交量放量，投資者若在近幾日進場，短期持股後賣出都會獲利。

均線中出現死亡交叉，是賣出訊號

　　股價在下跌過程中，下降的短期移動平均線由上而下，穿過下降的中、長期移動平均線形成交叉，就是死亡交叉（見第245頁圖7-5）。當死亡交叉出現時，表示後市看空，投資者應立即出場觀望。

圖7-3　紅陽能源（600758）K線走勢圖（1）

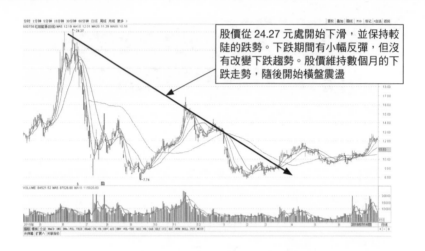

股價從 24.27 元處開始下滑，並保持較陡的跌勢。下跌期間有小幅反彈，但沒有改變下跌趨勢。股價維持數個月的下跌走勢，隨後開始橫盤震盪

圖7-4　紅陽能源（600758）K線走勢圖（2）

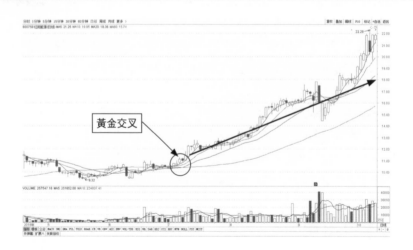

黃金交叉

| 圖7-5 | 均線死亡交叉 |

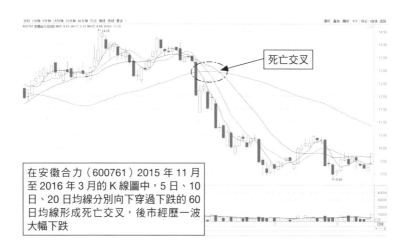

死亡交叉

在安徽合力（600761）2015 年 11 月至 2016 年 3 月的 K 線圖中，5 日、10 日、20 日均線分別向下穿過下跌的 60 日均線形成死亡交叉，後市經歷一波大幅下跌

專家提醒

　　MACD 中的黃金交叉和死亡交叉的形成，與股價移動平均線相似。在 MACD 中，黃金交叉和死亡交叉是由 DIF 與 DEA 的交叉點形成。MACD 指標的看盤技巧有以下 6 個：

（1）DIF 向上突破 DEA 時，是買進訊號。

（2）DIF 向下跌破 DEA 時，只能認為是回檔，做獲利了結。

（3）DIF 和 DEA 均為正值時，屬於多頭市場。

（4）DIF 和 DEA 均為負值時，屬於空頭市場。

（5）DIF 向下突破 DEA 時，是賣出訊號。

（6）DIF 向上突破 DEA 時，只能認為是反彈。

7-3 移動平均線有短、中、長期 3 類，該如何使用？

股價移動平均線具有趨勢性。一般來說，移動平均線向右上方運行，表示股價會上漲；向右下方運行，表示股價會下跌。但是，單根移動平均線有時會頻繁發出錯誤訊號，因此實戰操作時常會結合多根移動平均線。投資者若能正確掌握移動平均線，再配合當日走勢的強弱，就能抓住買賣時機。

(\$) 認識各種週期移動平均線的功用

根據移動平均線的週期長短，將其分為短期移動平均線、中期移動平均線和長期移動平均線3種，具體介紹見表7-1。

> **專家提醒**
>
> MA 指標具有一定的落後性。在股價原有趨勢發生反轉時，MA 因為其追蹤趨勢的特性，行動往往過於遲緩，調頭速度落後於大趨勢，這是 MA 的極大弱點。等 MA 發出反轉訊號時，股價調頭的深度已經很大了。

(\$) 股價突破 5 日均線，是短線買進訊號

當股價向上突破5日均線時，表明市場中資金介入，股價將脫離弱勢步入強勢，顯示短線獲利機會。

表7-1		各種週期移動平均線的功用	
均線週期	具體含意	主要類型	盤面意義
短期移動平均線	指1個月以下的移動平均線，其波動較大，過於敏感，適合短線投資者	5日均線和10日均線	5日均線代表1週股價運行方向；10日均線代表半個月股價運行方向
中期移動平均線	指1個月以上、半年以下的移動平均線，其走勢較沉穩，因此常被使用	20日均線、40日均線和60日均線	20日均線代表1個月股價運行方向；40日均線代表2個月股價運行方向；60日均線（季線）代表3個月股價運行方向
長期移動平均線	指半年以上的移動平均線，其走勢過於穩重不靈活，適合長期投資者	120日均線和240日均線	120日均線（半年線）代表半年股價運行方向；240日均線（年線）代表1年股價運行方向

圖7-6	水井坊（600779）K線走勢圖（1）

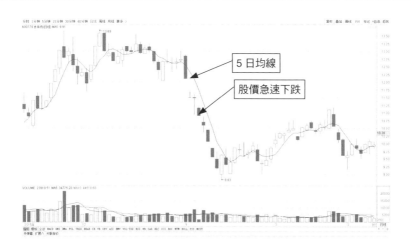

圖7-6是水井坊2015年11月至2016年3月的走勢圖。從圖中可以看出，該股在13.69元的高位處震盪下跌，連收多根跳空開低的陰線，股價表現十分弱勢，一直跌至8.83元低點。

該股後市走勢如第248頁圖7-7所示，該股跌至低點後跳空突破均線，可

| 圖7-7 | 水井坊（600779）K線走勢圖（2） |

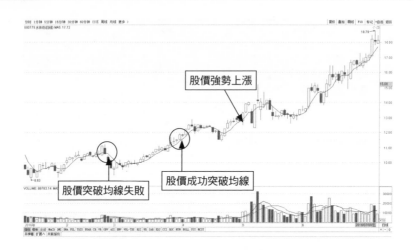

惜股價很快回補缺口，跌回均線以下。隨後股價繼續向上攀升，7月下旬向上強勢突破5日均線，此後開始一路上漲，漲勢可觀。投資者應在突破處買進，後市獲利可期。

股價跌破 10 日均線，是短線賣出訊號

當市場處於強勢時，股價會保持上漲態勢，待進入回檔後，不會輕易突破10日均線（見圖7-8）。一旦股價向下擊穿10日均線，表示空頭力量開始主導市場，此時短線投資者要及時賣出，以保住前期的勝利果實。

發現均線多頭排列，可積極追漲

如圖7-9所示，週期較小的移動平均線在週期較大的移動平均線上方，並且以向上發散的方式排列，就是多頭排列。該形態顯示，短期介入市場的投資者平均成本超過長期持有者，市場做多氣氛濃厚，股價將有力上漲，投資者可以積極追漲，並獲得短線操作的收益。

圖7-8　　輕紡城（600790）K線走勢圖

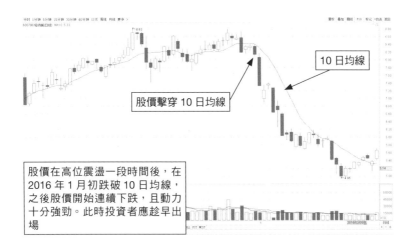

10日均線

股價擊穿10日均線

股價在高位震盪一段時間後，在
2016年1月初跌破10日均線，
之後股價開始連續下跌，且動力
十分強勁。此時投資者應趁早出
場

圖7-9　　浙大網新（600797）K線走勢圖

股價在緩慢回升一段時間後，開始發力上
攻，均線不再黏合在一起，而是逐漸發散並
形成多頭排列，短期均線在上、長期均線在
下，股價開始穩步拉升。投資者可在均線多
頭排列時間內建立部位，後市將獲利頗豐

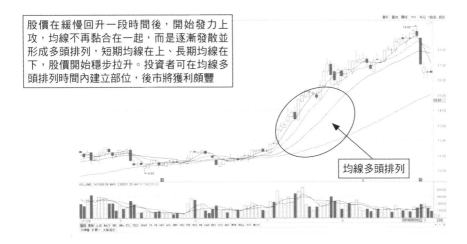

均線多頭排列

　　短期移動平均線組合主要用於分析和預測個股短期的行情變化趨勢，其分析方法如下：

　　（1）5 日均線為多方護盤中樞，10 日均線是多頭的重要支撐，當有效跌破該均線時，市場可能轉弱。

　　（2）30 日均線是衡量市場短、中期趨勢強弱的重要標誌，當向上運行時短期做多，當向下運行時短期做空。

看見均線空頭排列，應謹慎觀望

　　如圖7-10所示，週期較小的移動平均線在週期較大的移動平均線下方，並且向下發散的方式排列，就是空頭排列。該形態顯示，短期介入市場的投資者平均成本低於長期持有者，市場做空情緒高漲，投資者應以觀望為主。

| 圖7-10 | 海通證券（600837）K線走勢圖 |

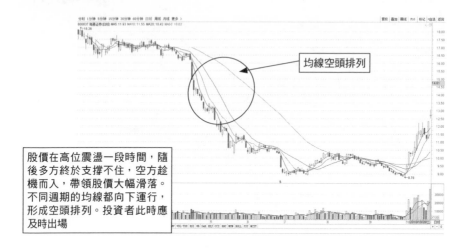

均線空頭排列

股價在高位震盪一段時間，隨後多方終於支撐不住，空方趁機而入，帶領股價大幅滑落。不同週期的均線都向下運行，形成空頭排列。投資者此時應及時出場

第 **8** 章

活用「技術指標」，
讓投資勝率提高 100%

8-1 隨機指標（KDJ）：從價格波動幅度，反映股價趨勢強弱

技術指標是為了預測市場走勢而發明的指標參數。這些指標包含股市中的各種資訊與過往成功經驗，因此對後市走勢的研判具有重要參考意義。

隨機指標（KDJ）是由喬治・萊恩（George Lane）首創，主要透過當日或最近幾日最高價、最低價及收盤價等價格波動的波幅，反映價格趨勢的強弱。

$ KDJ 指標是什麼？

KDJ是一個買超賣超指標，它有3條曲線（見圖8-1），分別是K線、D線和J線。

> **專家提醒**
>
> 其中，K、D 和 J 值的取值範圍都是 0 ～ 100。當 K、D、J 的值在 20 線以下為超賣區，視為買進訊號。當 K、D、J 的值在 80 線以上為超買區，視為賣出訊號。當 K、D、J 的值在 20 ～ 80 線為徘徊區，投資者應觀望。

圖8-1	隨機指標（KDJ）的盤面特徵

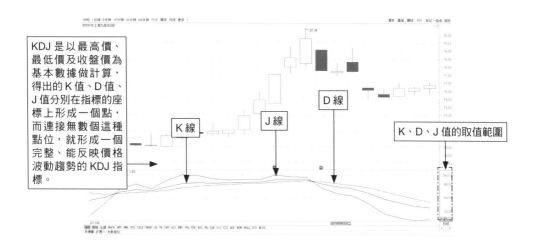

KDJ 是以最高價、最低價及收盤價為基本數據做計算，得出的 K 值、D 值、J 值分別在指標的座標上形成一個點，而連接無數個這種點位，就形成一個完整、能反映價格波動趨勢的 KDJ 指標。

K 線

J 線

D 線

K、D、J 值的取值範圍

KDJ 指標的看盤買進法

在KDJ指標中，當J線和K線幾乎同時向上突破D線形成交叉，即為黃金交叉。根據黃金交叉出現的位置，其盤面意義也不同。

（1）低位黃金交叉：如第254頁圖8-2所示，當股價大幅下跌運行到低位，KDJ曲線在20線附近徘徊形成黃金交叉，股價放量向上突破中長期均線，預示行情即將逆轉。此時的KDJ黃金交叉是低位黃金交叉，投資者可以考慮買進。

（2）中位黃金交叉：當股價經過一段較長時間的中位盤整期，KDJ曲線在50線附近徘徊形成黃金交叉，股價放量向上突破中長期均線，表示行情可能轉強。此時的KDJ黃金交叉是中位黃金交叉，中短期投資者可以進場建立部位。

（3）高位黃金交叉：當股價大幅上漲後在中高位盤整，KDJ曲線處於80線附近徘徊形成黃金交叉，並伴隨放量，說明股市處於強勢之中，股價短期內將再次上漲。此時的KDJ黃金交叉是高位黃金交叉，短線投資者可以買股獲利。

圖8-2 KDJ 指標低位黃金交叉

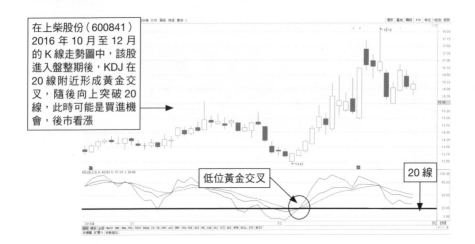

在上柴股份（600841）2016 年 10 月至 12 月的 K 線走勢圖中，該股進入盤整期後，KDJ 在 20 線附近形成黃金交叉，隨後向上突破 20 線，此時可能是買進機會，後市看漲

低位黃金交叉

20 線

專家提醒

在 KDJ 指標中，當 J 線和 K 線幾乎同時向下跌破 D 線形成的交叉，就是死亡交叉。根據死亡交叉出現的位置，其盤面意義也不同。

（1）中位死亡交叉：當股價經過較長時間下跌後，反彈在中長期均線下方受阻，KDJ 曲線向上未突破 80 線，最終在 50 線附近徘徊形成中位死亡交叉，顯示行情處於極度弱勢，股價將繼續下跌。投資者應出場觀望。

（2）高位死亡交叉：當股價大幅上漲運行到高位，KDJ 曲線處於 80 線附近形成死亡交叉，同時股價向下跌破中短期均線，表示上漲行情即將結束，此時形成高位死亡交叉。投資者應逢高賣出。

8-2

多空指標（BBI）：將不同 MA 加權平均，顯示多空分水嶺

多空指標（Bull And Bear Index，簡稱BBI）是針對普通移動平均線（MA）指標的改進。任何事物都需要在不斷推陳出新的改進中進步、發展，技術指標也不例外。由於BBI指標具有判斷多空的特性，對一些成長性較好的股票有特殊參考意義，如果將該指標用在週線圖中，會獲得意想不到的效果。

BBI 指標是什麼？

BBI指標（見第256頁圖8-3）是一種將不同天數移動平均線加權平均之後的綜合指標，屬於均線型指標，一般選用3日、6日、12日、24日等4條平均線。在使用移動平均線時，投資者往往對參數值的選擇有不同偏好，而多空指標恰好解決中短期移動平均線期間長短合理性的問題。

在BBI指標中，近期資料較多，遠期資料利用次數較少，是一種變相的加權計算。由於多空指標是一條混合平均線，所以既有短期移動平均線的靈敏，也有明顯的中期趨勢特徵，適合穩健的投資者。

BBI 指標在看盤中的應用

股價上穿BBI線，再跌穿BBI線，同時BBI線也開始轉為向下，表示牛市已結束，接下來是熊市的到來。股價在BBI指標以上運行的時間越久，跌穿BBI指標發出的賣出訊號越準確。

圖8-3　　多空指標（BBI）的盤面特徵

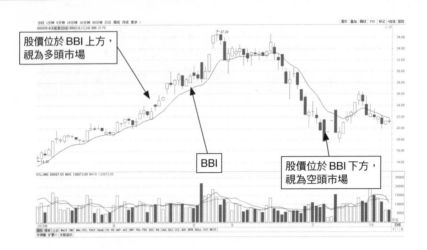

股價位於 BBI 上方，視為多頭市場

BBI

股價位於 BBI 下方，視為空頭市場

圖8-4　　江南嘉捷（601313）K 線走勢圖

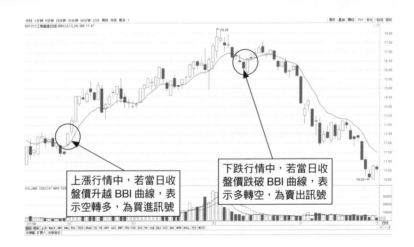

上漲行情中，若當日收盤價升越 BBI 曲線，表示空轉多，為買進訊號

下跌行情中，若當日收盤價跌破 BBI 曲線，表示多轉空，為賣出訊號

圖8-4是江南嘉捷2015年9月至2016年1月的K線走勢圖，可以清晰看到圖中畫圈處，K線突破BBI線，後市又跌破K線。BBI指標先後發出買進和賣出訊號，投資者可以在這2個交易點，進行買進、賣出操作。

專家提醒

　　投資者在運用 BBI 技術指標時，應注意以下 5 點：

　　（1）本質上來說，BBI 技術指標與移動平均線差別不大，因此移動平均線的運用技巧，均適用於 BBI 技術指標。

　　（2）BBI 技術指標更適合用於單邊的趨勢性行情，在盤整走勢中會頻頻發出買賣訊號。指標訊號的頻發現象，在趨勢不明朗時更加嚴重。

　　（3）BBI 技術指標對股價變化有滯後性，這一點在研判短期走勢時很顯著。常常會發生股價已接近短期頭部時，BBI 才出現買進訊號，或者股價已接近短期底部時，BBI 才出現賣出訊號。

　　（4）在移動平均線指標 MA 中，設置多條平均線，分成長、中、短期，並且同時應用、相互比對，有效地彌補單一平均線的缺陷。BBI 指標只設置一條平均線，僅發揮短期多空分水嶺的作用。

　　（5）BBI 指標對於剖析股票趨勢，有極好的參考效果，可是投資者實際操作時，要結合和其他技術指標做判斷，才能提高準確性。

8-3

布林線（BOLL）：用股價標準差與信賴區間，確定波動範圍

布林線（BOLL）是由約翰・包寧傑（John Bollinger）發明，主要透過統計學原理求出股價的標準差及其信賴區間，進而確定股價的波動範圍和未來走勢。

$ BOLL 指標是什麼？

BOLL指標是利用波帶顯示股價的安全高低價位，因此稱為布林通道。其上、下限範圍不固定，隨著股價波動而變化。當股價漲跌幅度加大時，帶狀區變寬；當漲跌幅度減小時，帶狀區變窄。

BOLL指標因其靈活、直觀和趨勢性的特點，已成為股市場中廣泛應用的熱門指標。圖8-5為布林線在盤面中的表現。

$ BOLL 指標的應用技巧

在BOLL指標中，股價通道的上下軌線顯示股價安全運行的最高價位和最低價位。上軌線、中軌線和下軌線都可以對股價運行發揮支撐作用，而上軌線和中軌線有時會發揮壓力作用。當布林線的上、中、下軌線幾乎同時處於水平方向運行時，要看股價目前走勢處於何種情況來判斷。

（1）**BOLL上軌線形成壓力**：見圖8-6，在BOLL指標中，上軌線相當於股價行進過程中的壓力線，只是這條壓力線為曲線而非直線。每當股價運行到BOLL指標的上軌線附近時，有可能發生回檔。

圖8-5　布林線（BOLL）指標的盤面特徵

BOLL 指標中，上、中、下軌線形成的股價通道的移動範圍是不確定的，通道的上下限隨著股價的上下波動而變化。在正常情況下，股價應始終處於股價通道內運行。如果股價脫離股價通道運行，意味行情處於極端的狀態

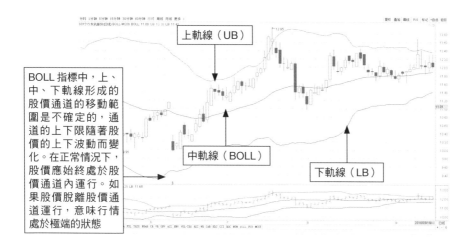

圖8-6　中信海直（000099）K線走勢圖

在 2015 年 3 月至 2016 年 4 月的 K 線走勢圖中，股價 2 次上衝上軌線時，都以失敗告終、沒有突破，反而不斷下跌。布林線整體下移，股價重心下移，迎來漫長的下跌行情

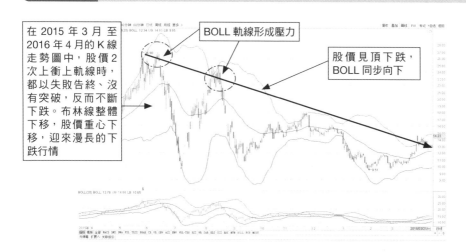

圖8-7　　小天鵝 A（000418）K 線走勢圖

在 2015 年 4 月至 2016 年 8 月的 K 線走勢圖中，股價在高位下跌，不斷獲得布林線下軌線支撐後，開始大幅拉升。下軌線前期發揮支撐作用，隨後股價開始一路上漲

BOLL 下軌線形成支撐

（2）BOLL下軌線形成支撐：見圖8-7，在BOLL指標中，下軌線相當於股價下跌過程中的支撐線，只是這條支撐線為曲線而非直線。每當股價運行到BOLL指標下軌線附近時，有可能發生反彈。

研判 BOLL 的「喇叭口」

當BOLL指標開口變小，代表股價的漲跌幅度逐漸變小，多空雙方力量趨於一致，股價將選擇方向突破。開口越小，股價突破的力道越大。

如圖8-8所示，最佳的買進時機是在股價放量向上突破，BOLL指標開口擴大之初。

| 圖8-8 | 綠景控股（000502）K線走勢圖 |

在 2013 年 6 月至 2015 年 12 月的 K 線走勢圖中，股價經過較長時間的窄幅整理，BOLL 指標的上限和下限空間愈來愈窄，表示一波大行情可能正在醞釀中。一旦成交量增大，股價上漲，布林線開口擴大，上升行情即宣告開始

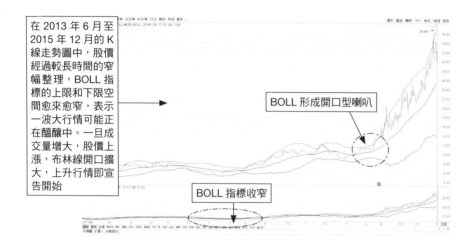

BOLL 形成開口型喇叭

BOLL 指標收窄

8-4 指數平均線（EXPMA）：以收盤價平均值，評估未來走勢

指數平均數（EXPMA）的構造原理是對股票收盤價進行算術平均，並根據計算結果來分析，用於判斷價格未來走勢的變動趨勢。

$ EXPMA 指標是什麼？

指數平均線指標（Exponential Moving Average，簡稱EXPMA）是一種平均線，它利用快線和慢線的上下交叉訊號，判斷行情的買賣時機。

EXPMA指標能彌補移動平均線的不足，見圖8-9。EXPMA指標因為其計算公式著重考慮價格當天（當期）行情的權重，所以可以克服MACD其他指標訊號對於價格走勢的滯後性。

同時，EXPMA指標在一定程度中，消除DMA指標在某些時候對價格走勢產生的訊號提前性，是非常有效的分析指標。

$ EXPMA 指標的盤面運用

EXPMA指標是由EXP1和EXP2組成，其運用方法如下：

（1）見圖8-10，當EXP1由下往上穿越EXP2時，股價隨後通常會不斷上漲，這2根線形成黃金交叉之日便是買進良機。

（2）一檔個股的股價遠離EXP1之後，會很快回落，然後沿著EXP1上移，可見EXP1是一大支撐點。

（3）當EXP1由上往下穿過EXP2時，形成死亡交叉，股價往往已發生

圖8-9	指數平均線（EXPMA）指標的盤面特徵

EXPMA 指標的主要優勢是對移動平均線取長補短，同時具備 KDJ 指標和 MACD 指標的黃金交叉和死亡交叉等功能。因此，該指標具有較高的成功率和準確性，對於個股的抄底和逃頂提供較好的點位，是投資者進行中短線決策的好幫手

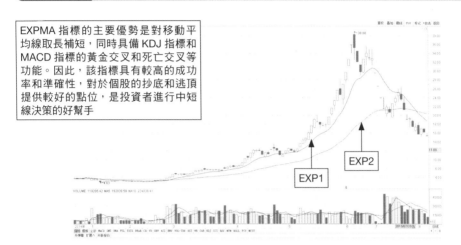

圖8-10	焦作萬方（000612）K 線走勢圖中出現 EXPMA 黃金交叉

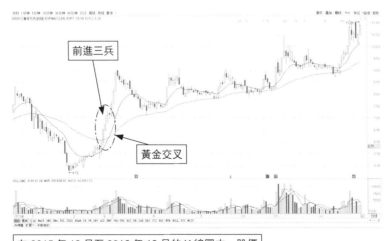

在 2015 年 12 月至 2016 年 12 月的 K 線圖中，股價見底後經過一段時間的上漲，出現「前進三兵」K 線組合，隨後 EXP1 曲線由下往上穿越 EXP2 曲線，形成黃金交叉，後市看漲。投資者在近幾日進場，短期持股後賣出都會獲利

轉勢，日後將以下跌為主，這2根線的交叉日便是賣出時機。

┌──┐

(專)(家)(提)(醒)

　　使用 EXPMA 指標時，有以下 3 個注意事項：

　　（1）EXPMA 指標一般為中短線選股指標，較適合以中短線為主的投資者，根據此訊號買進的投資者均有獲利機會。但對中期投資者來說，其參考意義更大，主要是因為該指標穩定性大、波動性小。

　　（2）若 EXP1 和 EXP2 始終保持距離上漲，代表該股後市繼續看好，每次股價回落至 EXP1 附近，只要不跌破 EXP2，這種回落現象便是良好的買進時機。

　　（3）對賣出時機來說，不要單純以 EXPMA 指標形成死亡交叉為依據，還可以結合 K 線圖中的看跌訊號來判斷。

└──┘

8-5

趨向指標（DMI）：依據供需均衡點，判斷行情是否發動

DMI指標（Directional Movement Index）又稱作動向指標、趨向指標或移動方向指數，由美國技術分析大師威爾斯・威爾德（J.Welles Wilder）創造，是中長期股市技術分析方法。

DMI 指標是什麼？

DMI屬於判斷趨勢的技術性指標，其基本原理是藉由分析股價在漲跌過程中供需關係的均衡點（即供需關係受到價格變動的影響，而發生由均衡到失衡的循環過程），進而提供判斷趨勢的依據。

第266頁圖8-11是DMI指標在盤面中的表現形式。DMI指標是把每日的高低波動幅度因素計算在內，進而準確反映行情走勢，預測行情未來的發展變化。DMI指標共有PDI、MDI、ADX、ADXR 4條線，也是它的4個參數值，分為多空指標（PDI、MDI）和趨向指標（ADX、ADXR）2組指標。

上升指標PDI和下降指標MDI的應用法則如下：

（1）股價走勢向上發展，PDI上升、MDI下降時，圖形上的PDI向上遞增交叉MDI形成黃金交叉，表示市場上有新買家進場，為買進訊號。如果ADX伴隨上升，預示股價漲勢可能更強勁。

（2）股價走勢向下發展，MDI向上遞增交叉PDI時形成死亡交叉，表示市場上做空力量加強，為賣出訊號。如果ADX伴隨上升，預示跌勢將加劇。

（3）股價維持某種上漲或下跌行情時，PDI和MDI的交叉突破訊號相當準確，但走勢出現盤整時，PDI和MDI發出的買賣訊號則視為無效。

| 圖8-11 | 趨向指標（DMI）的盤面特徵 |

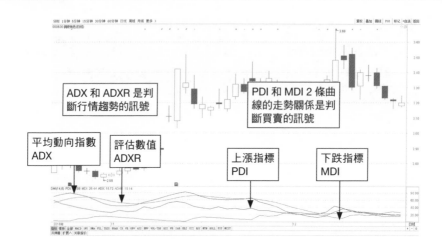

DMI 指標的看盤技巧

在DMI指標中，ADX是動向值DX的平均數，DX則是根據MDI和PDI 2個數值的差和對比而計算出的百分比，因此利用ADX指標能更有效判斷市場行情的發展趨勢。

1. 判斷行情趨勢

（1）當行情走勢由橫盤向上發展，ADX值會不斷遞增。因此，ADX值高於前一日時，可以判斷當前市場行情仍維持原有的上漲趨勢，即股價將繼續上漲。如果MDI和PDI同時增加，表示當前上漲趨勢十分強勁。

（2）當行情走勢進入橫盤階段時，ADX值會不斷遞減。因此，判斷行情時，應結合股價走勢（MDI和PDI）。

（3）當行情走勢由盤整向下發展時，ADX值會不斷遞減。因此，ADX值低於前一日時，可以判斷當前市場行情仍維持原有的下跌趨勢，即股價將繼續下跌。如果MDI和PDI同時減少，表示當前的跌勢將延續。

圖8-12	建新礦業（000688）K線走勢圖

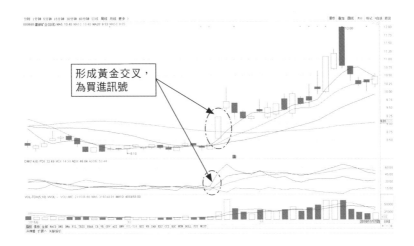

形成黃金交叉，
為買進訊號

2. 判斷行情是否盤整

（1）市場行情在一定區域內小幅橫盤整理時，ADX值會遞減。

（2）當ADX值降至20以下，且呈現橫向窄幅移動時，可以判斷行情為盤整，上漲或下跌趨勢不明朗。投資者應以觀望為主，不可依據MDI和PDI的交叉訊號來買賣。

3. 判斷行情是否轉勢

ADX值在高點由升轉跌時，預示行情即將反轉，分為以下2種情況：

（1）漲勢中的ADX在高點由升轉跌，預示漲勢即將告一段落。

（2）跌勢中的ADX值從高位回落，預示跌勢可能停止。以下舉例分析DMI指標的看盤技巧。

如圖8-12所示，建新礦業在2016年10月25日，股價跳空開高走高收陽線，並站在5日、10日和30日均線之上，而且成交量呈現放大跡象，此時PDI和MDI呈現黃金交叉形態，是典型的買進訊號，散戶投資者可以在此處積極買進。

透視「主力動向」，
在收割時搭上順風車

9-1

從主力看盤，了解他們的 3 種類型和 5 個優勢

在股市中，主力有雄厚資金可以向上大幅提升股價，如果投資者能夠及時識別主力的意圖，就能獲利豐厚。主力在操作時通常十分隱蔽，但散戶可以在走勢圖中看到其蛛絲馬跡，而 K 線形態和分時圖就是識別主力意圖的常用工具。

主力會受到投資者關注的原因，不僅在於難以掌握行蹤的特徵，更在於影響股市的強大實力。第 9 章主要是透過識別主力來分析個股未來行情變動，你只要能正確識別主力操作，就能成為股市中的大贏家。

主力的概念和類型

主力是指利用資金、籌碼、消息、心理等各種有利因素進行投資，擁有雄厚資金的組織和個人。從操盤時間長短，可以將主力分為短線主力、中線主力和長線主力，見圖 9-1。

主力的優勢和操盤過程

相較於散戶，主力在市場競爭中具有以下優勢：

（1）**資金雄厚**：資金雄厚，融資管道多、金額大。

（2）**專業管理**：通常有專門研究機構，詳盡把握國家宏觀經濟形勢和上市公司基本面，因此具有專業分析能力。

（3）**計畫周密**：操盤往往經過周密的考慮，有詳細的計畫、完整的組

圖9-1	主要類型

短線主力

短線主力通常是快進快出，控盤週期不超過1個月，收集籌碼隱蔽，一旦出貨就會使股價大幅變動

中線主力

中線主力穩紮穩打，控盤週期一般為半年左右，喜歡營造波段式上漲趨勢，在關鍵位置有明確的買進或出貨訊號

長線主力

長線主力以價值取勝，控盤週期超過半年，有的甚至2～3年，控盤能力強，能推升股價持續走高，一般會選擇業績良好的個股

織決策體系。

（4）**公共關係**：主力的社會關係廣泛。

（5）**隱蔽性強**：為了不被法律規定所束縛，會採取許多對策來實施自己的操盤計畫，例如：喜歡開設大量的交易帳戶，將自己的操作隱藏在眾多散戶的交易當中，讓自己不會被覺察。

簡單來說，主力操盤過程包括了吸籌建立部位階段，再根據試盤結果進行洗盤，等到洗盤完成後開始拉抬，拉抬至頂部後出貨，如圖9-2所示。

圖9-2	主力操盤的過程

出貨

拉抬

洗盤

建立部位

9-2

洞悉主力的 4 種操盤手法：
從建立部位、拉抬到出貨

　　主力是股市中的重要角色。由於主力擁有散戶不具備的優勢，因此常在股市中興風作浪，讓散戶又愛又恨。在這個高風險的股市裡，散戶應該有殺手鐧來對付主力的各種手法。兵法曰：「知己知彼，百戰不殆。」本節將重點介紹主力操盤的關鍵技巧，幫助散戶提高買賣技巧。

主力「建立部位」的 3 種技巧

　　主力建立部位是為了收集籌碼，以下是建立部位的3種技巧。

1. 橫盤式建立部位
　　一般來說，主力會在股價經過漫長下跌後進場建立部位。由於資金注入，股價逐步止跌站穩，但主力操作低調，因此股價表現為橫盤的局面。

　　圖9-3是中航飛機2015年7月至2016年6月的K線走勢圖。可以看出該股前期經歷一波下跌走勢，股價回升至一定價位後，開始橫盤整理。

　　如圖9-4所示，該股在主力建立部位完畢後，展開強勢上漲行情，股價節節攀升，顯示主力利用橫盤式建立部位的技巧，收集到充分的籌碼，以致上漲如此順利。

2. 緩慢下跌建立部位
　　主力有時也會採用緩慢下跌的技巧建立部位，其特點是股價處於緩慢下跌走勢中，K線以小陰線和小陽線為主，有時會有小陰星或小陽星。

透視「主力動向」，在收割時搭上順風車

圖9-3 中航飛機（000768）K線走勢圖（1）

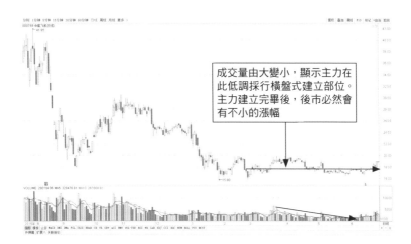

成交量由大變小，顯示主力在此低調採行橫盤式建立部位。主力建立完畢後，後市必然會有不小的漲幅

圖9-4 中航飛機（000768）K線走勢圖（2）

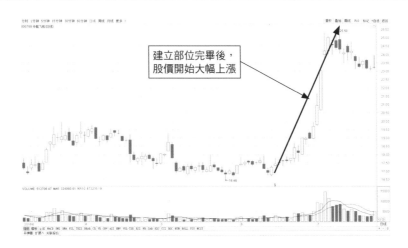

建立部位完畢後，股價開始大幅上漲

圖9-5	泯江水電（600131）K線走勢圖

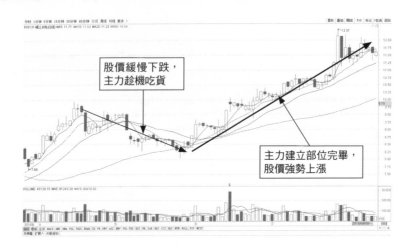

股價緩慢下跌，
主力趁機吃貨

主力建立部位完畢，
股價強勢上漲

圖9-5是泯江水電2016年3月至8月的K線走勢圖，可以看出該股從2016年4月19日開始緩慢下跌，同時平均線跟隨股價向下運行，股價長期處在60日均線下。成交量大部分時間都保持縮量，顯示主力利用股價緩慢下跌走勢，悄悄建立部位。在部位建立完畢後，主力開始拉抬股價，後市漲勢可觀。

3. 拉高式建立部位

拉高式建立部位是一種特殊技巧，採用此技巧的主力往往資金雄厚，同時表示主力迫切想要吸取籌碼。

圖9-6是建發股份2014年10月至2015年6月的K線走勢圖。可以看出該股前期經歷一波下跌走勢，股價跌至6.18元低點，隨後回升。主力利用股價回升走勢拉高建立部位，成交量放大，顯示主力吃貨引起投資者的注意。

該股在主力拉高建立部位後，繼續保持上漲走勢，延續前期的強勢，顯示主力資金雄厚，急切拉升股價以取得獲利的企圖。

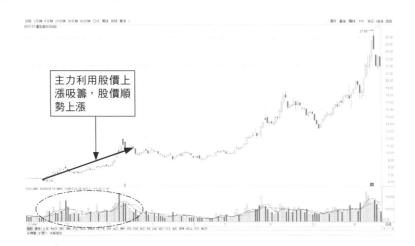

> 主力利用股價上漲吸籌，股價順勢上漲

專家提醒

　　主力建立部位是一個籌碼換手的過程，主力買進、散戶賣出，主力的吸籌建立部位區是持股的成本區。因此，主力總會想盡一切辦法降低持股成本。主力在建立部位時走出的K線形態和分時圖，猶如一個人在雪地上行走，必然會留下蹤跡，而主力一旦開始對某檔股票建立部位，必然會從K線形態和分時圖反映出來。

⑤ 主力「洗盤」的3種技巧

　　主力洗盤的目的在於清理跟風的投資者，以降低拉升股價的壓力，以下將介紹主力洗盤的3種技巧。

1. 打壓式洗盤

　　打壓式洗盤是常見的洗盤方式，主力掛出賣單驚嚇不穩定籌碼賣盤，並一一吸納。此時，分時圖通常會出現盤中大跌的狀況，在下跌後又被拉起，

圖9-7	冀東水泥（000401）K 線走勢圖（1）

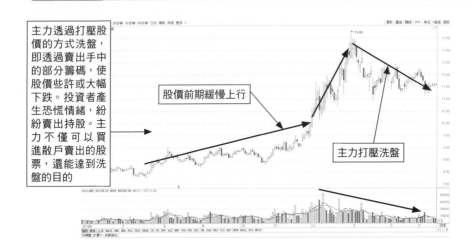

主力透過打壓股價的方式洗盤，即透過賣出手中的部分籌碼，使股價些許或大幅下跌。投資者產生恐慌情緒，紛紛賣出持股。主力不僅可以買進散戶賣出的股票，還能達到洗盤的目的

股價前期緩慢上行

主力打壓洗盤

形成震盪走勢。

　　圖9-7是冀東水泥2014年6月至2015年3月的K線走勢圖。從圖中可以看到，該股前期從7.60元低點開始緩慢上漲，主力緩慢建立部位，不久後急速拉升股價，而後主力展開凶狠的打壓式洗盤，成交量由大變小，顯示此處出逃的籌碼不多。

　　如圖9-8所示，主力在洗盤完成後，繼續拉升股價。

2. 平台式洗盤

　　平台式洗盤類似橫盤整理，表現為股價在一定範圍內長時間橫盤整理。在整理期間成交量萎縮、股價走勢平緩，K線以小陰線和小陽線為主。

　　圖9-9是湖南投資2014年5月至2015年3月的K線走勢圖。可以看到該股前期見底後開始緩慢上漲。主力隨即展開2次平台式洗盤動作，股價幾乎水平運行，成交量萎縮至地量，顯示主力在此處控盤力道較高，沒有多少籌碼出逃。

　　該股後市走勢如第278頁圖9-10所示，經過主力的平台式洗盤後，股價開始大幅上漲，一舉脫離前期的主力洗盤區，後市前景可期。

| 圖9-8 | 冀東水泥（000401）K線走勢圖（2） |

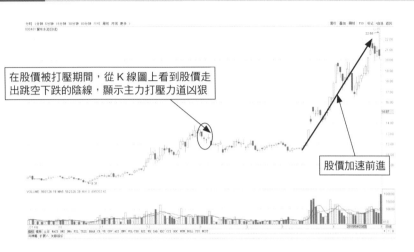

在股價被打壓期間，從K線圖上看到股價走出跳空下跌的陰線，顯示主力打壓力道凶狠

股價加速前進

| 圖9-9 | 湖南投資（000548）K線走勢圖（1） |

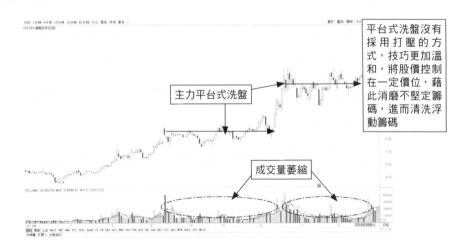

平台式洗盤沒有採用打壓的方式，技巧更加溫和，將股價控制在一定價位，藉此消磨不堅定籌碼，進而清洗浮動籌碼

主力平台式洗盤

成交量萎縮

| 圖9-10 | 湖南投資（000548）K 線走勢圖（2） |

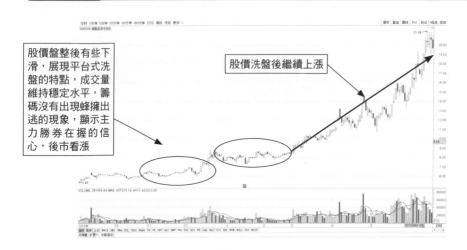

3. 邊拉邊洗式洗盤

　　主力利用邊拉邊洗式洗盤，盤面時升時落，不斷將獲利盤清洗出去，K線上大多形成小陰線、小陽線或十字星。

　　圖9-11是佰利聯2015年9月至2016年4月的K線走勢圖。可以看出該股從20.75元低點開始強勢上漲。隨後主力展開洗盤，打壓股價至低位。不久股價回升，但很快再次被打壓，如此反覆形成多個回檔走勢，顯示主力在邊拉股價邊洗盤，股價在不斷回檔中前進。在主力洗盤結束後，股價開始穩定上漲，主力不再邊拉邊洗，股價一飛沖天且漲幅驚人。

專家提醒

　　有時候，主力為了達到洗盤目的又不失去手中籌碼，會採取另一種無量洗盤的方法。無量洗盤的K線形態是在股價下跌過程中，成交量越來越小，相較於前期的放量，當前的量能大幅萎縮。縮量洗盤在技術形態上容易辨別，此時買進也比放量買進安全得多，因為主力無法在不斷萎縮的成交量中完成出貨操作。

圖9-11 佰利聯（002601）K線走勢圖

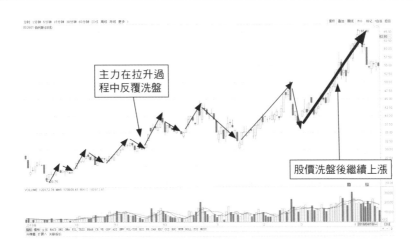

主力在拉升過程中反覆洗盤

股價洗盤後繼續上漲

主力「拉抬」的2種技巧

主力拉抬是在操盤過程中賺取利潤的必經之路，其實力在此展露無遺。

1. 快速拉抬

主力藉由建立部位、洗盤後，收集到大量籌碼，並且高度控盤，於是開始大手筆的拉升股價。

第280頁圖9-12是大連電瓷2015年8月至2016年12月的K線走勢圖，可以看到該股前期處於底部橫盤走勢中，隨後主力完成建立部位，便開始快速拉升股價，使股價呈現近乎直線的上漲態勢，同時成交量放大，顯示有大量買賣盤成交，隨後股價小幅回落。

經過這波小幅回檔後，主力繼續大幅拉升股價，漲幅從前期的起點至高點已超過400%，漲勢驚人。

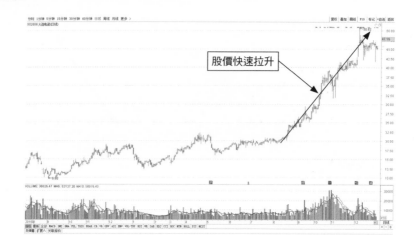

| 圖9-12 | 大連電瓷（002606）K 線走勢圖 |

股價快速拉升

專家提醒

主力拉抬階段的典型特徵如下：

（1）拉抬階段初期的特徵： 成交量穩步放大，股價穩步攀升，K 線平均線系統處於完全多頭排列狀態，或者即將處於完全多頭排列狀態，陽線出現次數多於陰線出現次數。

（2）拉抬階段中後期的特徵： 在一系列的洗盤後，股價上漲幅度越來越大，上漲角度越來越陡，成交量越放越大。當個股的交易非常活絡，成交量大得驚人時，大幅拉抬階段就快結束，因為買盤的後續資金一旦用完，賣壓就會傾泄而下。因此，這個階段後期的交易策略是堅決不進貨。如果持籌在手，應隨時伺機出貨。

2. 台階式拉抬

主力將股價拉升到一定高度後會橫盤整理，迫使一部分散戶在獲利後退出，之後再次拉高股價，不久繼續橫盤，進而形成台階式形態。

| 圖9-13 | 金花股份（600080）K線走勢圖 |

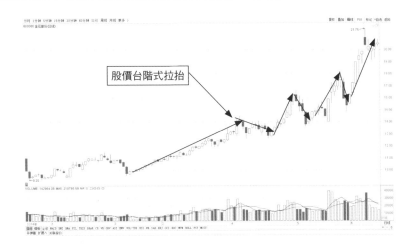

股價台階式拉抬

　　圖9-13是金花股份2014年12月至2015年6月的K線走勢圖。從圖中可以看到，該股從9.20元處開始上漲，主力開始拉升股價，在拉抬過程中，股價上漲一段時間後便展開橫向整理，隨後繼續上漲，如此反覆形成台階式拉抬走勢。

主力「出貨」的 2 種技巧

　　出貨是主力變現的必經之路，是主力坐莊的最後階段，也是收取獲利成果的階段。

1. 拉高式出貨

　　主力會先拉抬股價，讓投資者認為股價在拉升而紛紛買進，待股價見頂後，主力開始大幅出貨，這種先拉抬股價再出貨的方式是拉高式出貨。

　　第282頁圖9-14是中葡股份2015年1月至7月的K線走勢圖。該股從5.29元開始被強勢拉升，主力資金雄厚，直線拉升股價，雖然有小幅回檔，但沒有影響到拉抬的進行。到了2015年6月底，主力在股價回落後再次拉高，明顯

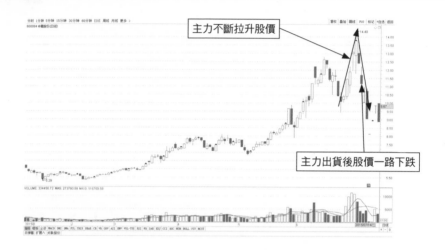

圖9-14　中葡股份（600084）K線走勢圖

主力不斷拉升股價

主力出貨後股價一路下跌

是為了這波的出貨做準備，這就是主力採用拉高式出貨技巧的盤面表現。

2. 平台式出貨

　　主力在平台式出貨時，通常會利用高位震盪的行情，使投資者誤以為股價在橫盤整理，利用市場沒有察覺的有利條件，達到高位出貨的目的。

　　圖9-15是雲南城投2015年10月至2016年3月的K線走勢圖。可以看到主力在高位展開橫向整理操作，股價在幾乎水平的方向上運行，成交量小幅放量，整體水平較低。等到主力出貨完畢後，股價一落千丈。

圖9-15 雲南城投（600239）K線走勢圖

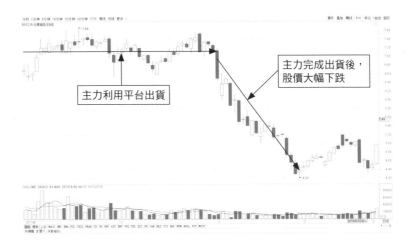

主力利用平台出貨

主力完成出貨後，
股價大幅下跌

國家圖書館出版品預行編目 (CIP) 資料

形態K線投資戰法：用 330 張圖解，教你看懂賺爆買賣點！／龍飛著
-- 初版 . – 新北市：大樂文化有限公司，2022.01
288 面；17×23 公分 . -- (Money；36)

ISBN：978-986-5564-76-6（平裝）
1. 股票投資　2. 投資技術　3. 投資分析
563.53　　　　　　　　　　　　　　　　　　110022295

Money 036

形態K線投資戰法

用 330 張圖解，教你看懂賺爆買賣點！

作　　　者／龍　飛
封面設計／蕭壽佳
內頁排版／思　思
責任編輯／張巧臻
主　　編／皮海屏
發行專員／鄭羽希
財務經理／陳碧蘭
發行經理／高世權、呂和儒
總編輯、總經理／蔡連壽
出 版 者／大樂文化有限公司（優渥誌）
　　　　　　地址：220 新北市板橋區文化路一段 268 號 18 樓之 1
　　　　　　電話：(02) 2258-3656
　　　　　　傳真：(02) 2258-3660
　　　　　　詢問購書相關資訊請洽：2258-3656
　　　　　　郵政劃撥帳號／50211045　戶名／大樂文化有限公司

香港發行／豐達出版發行有限公司
地址：香港柴灣永泰道 70 號柴灣工業城 2 期 1805 室
電話：852-2172 6513　傳真：852-2172 4355

法律顧問／第一國際法律事務所余淑杏律師
印　　刷／韋懋實業有限公司

出版日期／2022 年 1 月 25 日
定　　　價／360 元（缺頁或損毀的書，請寄回更換）
Ｉ Ｓ Ｂ Ｎ　978-986-5564-76-6